Natan Sznaider
Politik des Mitgefühls

Natan Sznaider

Politik des Mitgefühls

Die Vermarktung der Gefühle in der Demokratie

Der Autor
Natan Sznaider, Prof. Dr., geboren in Mannheim, ist seit 1994 Professor für Soziologie am Academic College of Tel-Aviv-Yaffo. Schwerpunkte seiner Forschungen sind Kultursoziologie, Politische Theorie, Hannah Arendt, Globalisierung, Kosmopolitismus, Erinnerung und Shoah. Zu seinen letzten Veröffentlichung gehören *Neuer Antisemitismus? Fortsetzung einer globalen Debatte* (herausgegeben mit Christian Heilbronn und Doron Rabinovici, Suhrkamp) und *Gesellschaften in Israel. Eine Einführung in zehn Bildern* (Suhrkamp).

Dieses Buch ist erhältlich als:
ISBN 978-3-7799-6247-2 Print
ISBN 978-3-7799-5549-8 E-Book (PDF)

1. Auflage 2021

Herstellung und Satz: Ulrike Poppel
Druck und Bindung: Beltz Grafische Betriebe, Bad Langensalza
Printed in Germany

Weitere Informationen zu unseren Autor_innen und Titeln finden Sie unter:
www.beltz.de

Inhalt

Einleitung

Die Gasse der Verzweiflung

Im Czartorsky-Museum in Krakau hängt das von Rembrandt 1638 gemalte Bild *Landschaft mit dem barmherzigen Samariter*. Ein dunkles Bild, eigentlich ein Landschaftsbild. Es beschreibt die Geschichte des barmherzigen Samariters. Zur bildlichen Ikone geworden ist der barmherzige Samariter ein Symbol der Nächstenliebe. Aber der „Nächste" stand jenseits der religiösen und ethnischen Grenzen seiner Zeit. Der mitleidige und mitfühlende Mensch war ein Fremder, ein Außenseiter. Auch auf dem Bild Rembrandts ist der Barmherzige eine Randfigur. Trotzdem oder gerade deshalb geht es um die Erlösung der Seele durch die Barmherzigkeit.

Rembrandt: Landschaft mit dem barmherzigen Samariter, Muzeum Czartoryskich. Historia i zbiory, Kraków[1]

1965 schrieb Bob Dylan wohl einer seiner berühmtesten Lieder: *Desolation Row – Gasse der Verzweiflung* –, in dem er den barmherzigen Samariter verewigt.

And the Good Samaritan, he's dressing
He's getting ready for the show
He's going to the carnival tonight
On Desolation Row

In der *Gasse der Verzweiflung* geht es um Rassismus und einen Lynchmord aus dem Jahre 1920. Es ist, als ob Dylan 1965 die rassistischen Ereignisse von 1920 und 2020 vor und rückblickend in seiner Poesie beschrieb.

They're selling postcards of the hanging
They're painting the passports brown
(Bob Dylan, Desolation Row)[2]

So beginnt das Lied. Postkarten des Lynchmordes werden verkauft. Und die Pässe werden braun angemalt, um wohl auf die Farbe der Nazis anzuspielen. Wie so oft in der Lyrik von Bob Dylan werden wir zu bloßen Zuschauern und Beobachtern beschränkt. Aber es geht auch um das Mitfühlen, das uns aus der Gasse der Verzweiflung holen soll. Und ganz in der Nähe des polnischen Czartorsky-Museums befindet sich Auschwitz, das von vielen Besuchern aus aller Welt aufgesucht wird. Eine Gasse der Verzweiflung. Viele suchen dort die Erlösung. Dass es keine gibt, das haben eindringlich Primo Levi, Imre Kertész und viele andere Überlebende beschrieben. Kann man Auschwitz überhaupt besuchen, wie man ein Kunstmuseum besucht? Am Morgen der Rembrandt, am Nachmittag die Stätten der Vernichtung.

Mitgefühl und die Politik des Nie Wieder

Und tausende von Kilometern von dort, in Argentinien, erstellte 1984 die Nationalkommission ein Papier über das Verschwindenlassen – über die Opfer der Militärdiktatur. Der Bericht hieß *Nunca más – Nie Wieder* – welches nicht nur in Argentinien zu einem geflügelten Wort in allen möglichen Lebenslagen wurde. Der *Nie-Wieder-Bericht* wurde fast schon zum Bestseller und war und ist gleichzeitig ein Symbol für Menschenrechtsverletzungen und Diktatur. *Nie Wieder* ist ein Bericht der Opfer und auch der Täter. Es ist ein Chor der Zeitzeugen, der sich gegenseitig bestärkt und Erlösung in der Aussage findet. Und *Nie Wieder* ist nicht nur partikularer Bericht, sondern bricht aus der Partikularität aus und wird zur Metapher (Baer and Sznaider 2016). Und zu Beginn des 21. Jahrhunderts erarbeitete die Bayerische Landeszentrale für Politische Bildungsarbeit die Ausstellung *Nie Wieder! Die Geschichte des Holocaust.*[3] Grundlage war das gleichnamige Buch des britischen Historikers Martin Gilbert (2002). *Never Again* – die Geschichte des Holocaust heißt dieses Standardwerk. Nie Wieder? Kann es ein stärkeres Symbol überhaupt geben? Um was für ein Versprechen handelt es sich bei *Nie Wieder*? Kann es überhaupt gehalten werden? Was bedeutet das Gegenteil von *Nie Wieder*? Was ist die Alternative? Kann man, darf man überhaupt „Wieder" sagen? Viele Deklarationen nach 1945 gehen von dieser Alternative des „Wieder", der Wiederholung der Katastrophe aus:

> *da die Nichtanerkennung und Verachtung der Menschenrechte zu Akten der Barbarei geführt haben, die das Gewissen der Menschheit mit Empörung erfüllen, und da verkündet worden ist, dass einer Welt, in der die Menschen Rede- und Glaubensfreiheit und Freiheit von Furcht und Not genießen, das höchste Streben des Menschen gilt.*[4]

Nie Wieder sagt hier die Präambel der Allgemeinen Erklärung der Menschenrechte.

Die Katastrophe, die in unserer Zeit über das jüdische Volk hereinbrach und in Europa Millionen von Juden vernichtete, bewies unwiderleglich aufs Neue, daß das Problem der jüdischen Heimatlosigkeit durch die Wiederherstellung des jüdischen Staates im Lande Israel gelöst werden muss, in einem Staat, dessen Pforten jedem Juden offenstehen, und der dem jüdischen Volk den Rang einer gleichberechtigten Nation in der Völkerfamilie sichert.[5]

Nie Wieder sagt dort die israelische Unabhängigkeitserklärung und damit auch *Nie Wieder Wir*. *Nie wieder* ist Gruppenschicksal, Menschenschicksal, aber auch Einzelschicksal (*Nie Wieder* Opfer). *Nie wieder* Gewaltherrschaft von Menschen über Menschen ist wohl einer der bekanntesten Klischees, die es heute gibt. So auch 1999 der damalige Außenminister Joschka Fischer auf dem Parteitag der Grünen, um die Delegierten zur Zustimmung des deutschen Militäreinsatzes gegen Serbien zu bewegen:

Auschwitz ist unvergleichbar. Aber ich stehe auf zwei Grundsätzen, nie wieder Krieg, nie wieder Auschwitz, nie wieder Völkermord, nie wieder Faschismus. Beides gehört bei mir zusammen. Deswegen bin ich in die Grüne Partei gegangen ...[6]

Nie Wieder mobilisiert, nie wieder moralisiert, nie wieder hat immer Recht, denn wer will wieder Tyrannei, Völkermord, Faschismus, Heimatlosigkeit, Hunger, Dürre, Sintflut. Die Erlösung liegt nicht mehr in der Barmherzigkeit wie beim Samariter, sondern im *Nie Wieder*.

Ethik als Empirie: Hannah Arendt und das Mitgefühl

Was will ich in diesem Essay? Es geht mir um eine empirische Ethik, die eine Form der Praxis und Mobilisierung beinhaltet, die jenseits des Universalismus und diesseits des fragmentierenden Relativismus die Figur des *Nie Wieder* als Leitmotiv an den großen historischen Katastrophen im wahrsten Sinne des Wortes nachzeichnet. Der Motor des *Nie Wieder* ist das Mitgefühl. Wir müssen imstande sein mitzufühlen, wenn wir verlangen, dass etwas nie wieder geschehen soll. Es ist ein absolutes Verbot aufgrund von historischen Katastrophenerfahrungen. Das *Nie Wieder* braucht eine Konzeptualisierung und Definition des *Wieder*. Daran steckt eine wesentliche Voraussetzung. Die Katastrophe ist schon geschehen und soll in Zukunft verhindert-vermieden werden. Es geht also um Antizipation und Inszenierung einer drohenden Zukunft auf den Hintergrund einer erinnerten Vergangenheit. Ein weiteres Problem, was Denker der Moderne immer wieder beschäftige. Wie politisch kann das Mitgefühl sein, wie kann es zum Motor der Solidarität zwischen Fremden werden? Oder beschränkt sich dieses Sentiment nur auf die eigene Gruppe, und die Grenzen des Mitgefühls sind dann die Grenzen der Gemeinschaft. Für Menschenrechtler zum Beispiel werden die Personenkreise, denen ihr Mitgefühl zufließt, immer größer, Mitgefühl, aber auch Verstehen und Empathie sind nicht mehr auf die eigene Gruppe beschränkt und werden durch Bilder transportiert. Es handelt sich um eine erweiterte Denkungsart, um die Fähigkeit, sich ein Bild zu machen vom Leben anderer Menschen. Gerade darum geht es bei den Menschenrechten. Kognitiv kann dies aus den zunehmend globalisierten Medien entstehen. Normativ wird mindestens das distanzierte Mitgefühl durch einen globalisierten Menschenrechtsdiskurs legitimiert. Zu einfach wäre es zu sagen, dass die einen moralische Helden und die anderen Bösewichte sind, dass die einen den Standpunkt der universellen Vernunft und die anderen den Standpunkt der partikularen Gruppe einnehmen. Es ist schwer, sich der Kritik zu entziehen, dass es sich bei diesem Gefühl um unpolitischen Kitsch handelt. Es war Hannah Arendt, die sowohl in ihrer Hamburger Lessingrede 1959 als auch in ihrer Studie über die Revolution, etwas später im Jahre 1963, diesen Gedanken mehr als deutlich ausdrückte. Sie sieht in der Rationalität des 18. Jahrhunderts auch dessen sentimentale Seite, „die beide gleichwohl in den schwärmerischen Überschwang führen konnten, in dem man sich allen Menschen brüderlich verbunden sieht".[7] Arendt schätzt das als unpolitische und weltlose Schwärmerei ein, die in der Politik nichts zu suchen hat. Auch religiöser Glaube hat ihrer Meinung nach in der Politik nichts zu suchen und kann die Gesellschaften auch nicht vor dem „Bösen" beschützen. Sie sah Mitleid als ein persönliches Sentiment, welches nicht verallgemeinert werden kann. Wie die humanistische Tradition vor den Gefahren des „Totalitarismus" bewahrt werden können, das war Arendts Anliegen. Sie war skeptisch, dass das Glück der Menschheit durch Mitleid produziert werden kann. Ihre Abneigung gegenüber der Französischen Revolution und deren Geist, Mitleid mit den Massen als Politik zu verkleiden, konnte sie kaum verdecken. Es ging Arendt nicht darum, menschlich oder menschlicher zu sein. Dieser Begriff der allumfassenden Menschlichkeit machte für sie keinen Sinn. Dieser Arendt'scher Einwand gegen öffentliches Mitleid wird wie ein mahnender Zeigefinger diesen Essay begleiten, denn wenn Mitleid uns nicht vor dem politisch Bösen schützen kann, was dann? Für Arendt war das Mitleid als politisches Instrument – ein Instrument, mit dem gerade Revolutionäre von Robespierre bis Lenin ihre gewaltvolle, ja totalitäre Politik verteidigten. Für sie war Mitleid ein antihumanistisches Instrument, das in humanistischer Verkleidung in der Geschichte auftrat. Sie sah in Mitleid ein Ersatz für Solidarität und Repräsentation; das waren für sie die wahren politischen Begriffe. Mitleid konnte ihrer Meinung nach nicht repräsentiert werden. Es war für sie ein maßloses Gefühl.[8] Authentisch war es nur, wenn der mitleidende Mensch begriff, dass jemand anders und nicht er oder sie selbst leidet. Aber auch Arendt musste die Macht des Mitleids akzeptieren, dessen Quellen in der Idee der Menschheit lagen. Es war in der Tat eine revolutionäre Idee. Das Gemeinwohl war die neue Erlösung. Während sie über die Französisch Revolution nachdachte und fast schon mit Abscheu die Art und Weise analysierte, wie politische Gefühle zum Ersatz für Solidarität wurden, dachte sie in fast schon ähnlicher Form über das Leiden der Holocaustopfer nach. Wie sie über Adolf Eichmann schrieb: „Es geht um seine Taten und nicht um die Leiden der Juden."[9] Mit diesen Worten öffnet Arendt ein für dieses Essay wichtiges Fenster, wie es sich mit Moral und Politik verhält, und wie diesen beiden Begrifflichkeiten zusammenhängen. Und mehr noch, wir müssen uns damit auseinandersetzen, dass einer der wichtigsten Denkerinnen des 20. Jahrhunderts, die den Begriff des „Bösen" in ihren Arbeiten als politischen Schlüssel für die Politik begriff, so negativ über Gefühle wie Mitleid urteilte und in diesem Gefühl sogar den Schlüssel zu totalitären Bewegungen sah.[10] Wie kann man ein solch nobles Gefühl wie Mitleid als Schlüssel für die totalitäre Politik des linken Umfeldes betrachten? Was für eine Wirklichkeitsbeschreibung macht sich für Hannah Arendt auf? Dabei geht es ihr natürlich nicht um zwischenmenschliche Beziehungen. Da ist tatsächlich Raum für Mitleid, Liebe und andere Gefühle. Es geht ihr darum zu zeigen, was geschieht, wenn diese zwischenmenschlichen Gefühle den intimen Bereich verlassen und zu öffentlichen und damit politischen Prinzipien werden.[11] Es geht ihr dabei um Distanz als politisches Prinzip, und Mitleid zerstört diese Distanz. Arendt meint aber nicht damit, dass Distanz gleichbedeutend mit Neutralität politischer Unverbundenheit ist. Vielleicht sogar das Gegenteil. Die Verbundenheit und die eigene Partikularität werden von ihr immer thematisiert. Gerade deshalb glaubte sie, dass man nicht auf das Mitleid anderer pochen kann, es ging darum, für seine Rechte zu kämpfen. Arendt mag hier Recht haben, es kann sich aber auch um ein Missverständnis handeln. Es geht nicht darum, subjektive Gefühlswelten zu generalisieren. Das öffentliche Mitgefühl, das ich hier untersuchen will, ist ein qualitativ anderes Sentiment als Mitleid im Großen. Es mag sogar näher an Arendts Konzept der Solidarität sein, als sie vielleicht selbst dachte. Es geht um Mitgefühl und nicht um Mitleid. Arendts Abneigung gegen modernes Mitgefühl stammt aus ihrer Abneigung gegen die moderne Gesellschaft selbst, der sie jegliche Form von politischer Solidarität absprechen wollte. Arendts Theorien sind natürlich umstritten. Es hat oft den Anschein, als ob sie eine alte rationale griechische Politiktheorie wieder zum Leben erwecken wollte. Und natürlich gibt es in dieser klassischen Theorie so gut wie keinen Raum für die einzelnen unpolitischen Menschen.

Die Ideale der Moderne begannen 1789 mit der Erklärung der Menschen- und Bürgerrechte, vielleicht das Gründungsdokument in der Geschichte der Menschenrechte, die durch die Armeen der Französischen Revolution gemeinsam mit dem Ideal der Gleichheit, Europa buchstäblich und auch oft mit Gewalt erobert haben. Gleichzeitig ist es der Beginn der Demokratie als eine Idee, die es zu verwirklichen gilt. Menschen sind gleich, ein wahrhaft revolutionäre Gedanke, der das „Mit" im Mitgefühl tatsächlich ausweiten kann. Es war der revolutionäre Glaube, Freiheit, Gleichheit und Brüderlichkeit zu verwirklichen. Aber wir wissen, dass die Französische Revolution auch der Schauplatz schrecklicher Grausamkeit war. Wie können diese beiden Dinge miteinander in Einklang gebracht werden? Hannah Arendt gibt eine direkte Antwort: Mitgefühl hat in der Politik keinen Platz, und wenn es eintritt, führt es zu Grausamkeit. Sie glaubt, dass die Moderne mit dem Mob der Französischen Revolution beginnt und in den Mobs des Totalitarismus ihren Höhepunkt erreicht. In all ihren Schriften stemmte sich Arendt gegen die Sentimentalisierung der Politik. Und Gleichheit war für sie nie ein Ideal. Es ging ihr eher um die Freiheit. Die amerikanische Revolution war ihr daher viel näher als die französische. Für sie haben Mitleid und Mitgefühl in der Politik nichts zu suchen. Mehr noch, für Arendt war die Leidenschaft des Mitleidens die gefährlichste aller revolutionären Leidenschaften.

Mit dieser Leidenschaft kam die Politik der Tugend in die Politik, die die eigentliche Solidarität verhindert. Arendt meinte jedoch nicht, dass man mit Menschen nicht fühlen soll, sondern dass die Leidenschaft des Mitleidens eigentlich sprachlos ist und daher in eine tugendhafte Sentimentalität verfällt. Darüber hinaus gibt es wohl eine Sprache des Mitgefühls. Der Schmerz und der Kampf gegen ihn als empfundenes Böses sind ja nicht sprachlos, sondern können auch über Bilder vermittelt werden.

Die moderne liberale Theorie, die wir uns gleich widmen werden, aber feiert das Individuum. Individuelle Kultivierung ist der Schlüssel für eine gut funktionierende Gesellschaft, und eine gut funktionierende Gesellschaft ist der Schlüssel zur individuellen Kultivierung. Für die alten Griechen spielt sich das Wirtschaftsleben in der Privatsphäre des Haushalts ab. Das hat Arendt in ihren Schriften immer wieder betont.[12] Im Gegensatz zur liberal-bürgerlichen Theorie steht die Wirtschaft außerhalb der Politik. „Privatleben" ist ein Leben, das der Öffentlichkeit beraubt ist. Eigeninteresse kann nur schädlich sein. Aber das moderne soziale Leben funktioniert nicht so. Arbeitssteilung ist nicht nur wirtschaftlich, sondern hat auch andere soziale Funktionen. Auch das gesellschaftliche Leben, was nicht nur von Politik bestimmt ist, kann erfüllend sein. In dieser etwas „würdeloseren" Welt ist auch nicht viel Platz für Heldentum. Die alten Griechen, die so von Arendt bewundert wurden, waren auch stets kriegsbereite Soldaten, die für ihre Polis bereit waren zu sterben. Wie wir sehen werden, ist der Krieg nicht das erste Ziel der bürgerlichen Gesellschaft. Ganz im Gegenteil. Die Vorstellung vom bürgerlichen Selbst ist eher wirtschaftlich und im wahrsten Worte zivil, als politisch organisiert. Gerade auch deshalb scheint es, dass moderne Gesellschaften kalt, gefühlslos und gleichgültig sind. Stimmt es wirklich, dass moderne Gesellschaften nur vom gefühlslosen Eigennutz bestimmt werden? Und wenn es so etwas wie Mitgefühl gibt, dann ist es heroisch, ein außergewöhnliches Ereignis, das eigentlich nicht zur

Moderne gehört. Oder handelt es sich hier eher um romantische Nostalgie?

Mitgefühl und Moderne

Moderne Gesellschaften haben einen schlechten Ruf. Sie gelten als gefühlskalt und gleichgültig. Was gehen uns der Schmerz und das Leiden fremder Menschen an? Was bedeutet also Mitgefühl in diesem Zusammenhang? Wer fühlt was „mit“ wem? Beinhaltet Mitgefühl, das aktive Mitfühlen mit dem Leiden anderer Menschen, eine klare moralische Forderung? Was geschieht, wenn wir die Menschen, mit denen wir fühlen, gar nicht kennen, wenn sie also Fremde sind? Können wir dann von einer Form des öffentlichen Mitgefühls sprechen? Mein Argument ist, dass öffentliches Mitgefühl, und damit meine ich die organisierte Kampagne zur Linderung des Leidens von Fremden, eine geradezu moderne Form der Moral ist. Es spielte eine historisch wichtige Rolle, als moderne Gesellschaften begannen, sich als modern zu verstehen und spielt auch heute noch eine wichtige Rolle. Aber es ist auch ein umstrittenes Sentiment. Wie können wir uns in die Gefühlswelt fremder Menschen im wahrsten Sinne einfühlen oder sogar mitfühlen? Ist die Erfahrung des Leidens und Schmerz anderer nicht im Konkreten gegeben, in Menschen, die uns nahe stehen? Können wir Mitfühlen wirklich verallgemeinern, ja zu einer bindenden moralischen oder legalen Norm machen? Ist Mitgefühl daher eine allgemeingültige Idee, die das Konkrete aufhebt, obwohl sie vom konkreten Schmerz ausgehen muss, um überhaupt zu wirken? Das sind beileibe keine Randfragen, sondern gehen in das Herz moderner Gesellschaften. Mitgefühl hat auch die Aura des Heiligen, Figuren wie Gandhi, Papst Franziskus oder Mutter Theresa sind Ikonen dieses Sentiments. Aber es geht mir nicht um die transzendente Heiligkeit des Gefühls, sondern eher um seine profane Auswirkung auf unser Leben.

Es wird also in diesem Essay um modernes, also öffentliches Mitgefühl gehen. Es ist ein Essay, der davon handelt, wie Menschen denken und fühlen. Nicht irgendwo oder irgendwann, sondern in den Räumen relevant für uns und mit Augenmerk auf Europa und die USA. Es geht mir darum, die verschiedensten Lebenswelten der Menschen der letzten Jahre zu beschreiben und zu verstehen. Ich will mir in diesem Buch auch die Freiheit der Distanz nehmen. Das heißt an vielen Stellen, dass eindeutige Welterklärungen ins Schwanken geraten. Was mich umtrieb dieses Buch zu schreiben, ist die Frage, wie viele Arten zu leben es gibt. Wir denken oft, dass die Art, wie wir leben, unvermeidlich ist. Gerade Intellektuelle können oft nicht begreifen, dass Menschen ihre Sichtweisen nicht teilen. Es geht also um die Verknüpfung des Bekannten mit dem Unbekannten. Die globale Welt ist kleiner und dichter geworden. Nichts ist uns mehr fremd, doch gleichzeitig verstehen wir die Welt nicht mehr, oder wir verstehen sie nur noch innerhalb der eigenen kleinen Welt unserer sozialen Netzwerke. Mir geht es darum, die beobachteten Menschen sowohl in ihrer Partikularität als auch in ihren Verbindungen mit anderen zu beschreiben und dabei die Konkurrenz der Weltanschauengen zu verstehen. Identitäten sind in diesem Buch performative Ereignisse, die es zu entschlüsseln gilt: Identität ist etwas, was geschieht, und nicht etwas, was ist. Es wird mir darum gehen, diejenigen ernst zu nehmen, die im 18. und 19. Jahrhundert begannen, über die „Weichheit" oder die „Verfeinerung" der modernen Gesellschaft nachzudenken, die die Grausamkeit aus dem öffentlichen Raum entfernen wollten, die in der Tat Mitgefühl den schwächeren Mitgliedern der Gesellschaften (wie Kindern und Frauen) zeigten. Ich will auch zeigen, dass dieser Ausbruch von humanitären Denken und Praktiken nicht zufällig war, dass er auch nicht das Resultat moderner „Heiliger" ist, sondern dass diese Politik des Mitgefühls integraler Bestandteil der bürgerlichen und kapitalistischen Ordnung ist, ohne diese Gefühle als Mechanismen der Macht und Kontrolle zu reduzieren.

Der Dreißigjährige Krieg und Rubens Portrait

Ich beginne mit den Auswirkungen des Dreißigjährigen Krieges im 17. Jahrhundert. Dieses in Zeit und Raum eingebettetes Ereignis ist schon immer Metapher für Grausamkeit, Krieg und Zerstörung gewesen bevor es von den großen Vernichtungskriegen des 20. Jahrhunderts überschattet wurde. Auch sind die Bilder und Portraits aus dieser Zeit ikonisch geworden. Ich möchte mir insbesondere ein Bild näher betrachten, welches zur Metapher für Krieg und Frieden werden sollte: *Minerva beschützt den Frieden vor dem Krieg.* [13]

Peter Paul Rubens: Minerva beschützt den Frieden vor dem Krieg, National Gallery London

Das Bild hängt in der National Gallery in London. Es war der Maler und Diplomat Peter Paul Rubens, der das Bild 1629 in London malte, also um die gleiche Zeit, als das Bild von Rembrandt entstand. Rubens war nicht nur Maler, sondern auch Diplomat für die spanische Krone. Das Bild ist eine politische Botschaft. Und es war ein Geschenk Rubens an den englischen Hof.[14] Rubens sang nicht wie Dylan, aber seine Botschaften waren nicht weniger eindringlich. Es ist ein visueller Sprechakt. Das Thema des Bildes ist die Hoffnung auf Frieden, der Anlass ein Friedensvertrag zwischen England und Spanien. Rubens sollte als Gesandter Philipp IV. von Spanien mit dem englischen Königshaus verhandeln und diesem die Vorteile des Friedens bildlich machen. Rubens überreichte das fertige Werk Karl I. von England als Geschenk. Die zentrale Figur stellt Pax (Frieden) in der Person von Ceres, der Göttin der Erde, dar und teilt ihre Freigiebigkeit und Belohnung mit der Gruppe von Figuren im Vordergrund. Die Kinder wurden als Porträts der Kinder von Rubens' Gastgeber Sir Balthasar Gerbier identifiziert, einem Maler-Diplomaten im Dienste Karls I. Rechts von Pax ist Minerva, die Göttin der Weisheit. Sie vertreibt Mars, den Gott des Krieges, und Alekto, eine der Erinnyen, die Rachegöttinnen. Ein geflügelter Amor und die Göttin der Ehe, Hymen, führen die Kinder (die Frucht der Ehe) zu einem Füllhorn oder Horn des Überflusses. Der Satyr und Leopard sind Teil der Entourage von Bacchus, einem weiteren Fruchtbarkeitsgott, und Leoparden ziehen auch Bacchus' Wagen. Eine eindrucksvolle Friedensbotschaft, die die Leidenschaft des Krieges und des damit verbundenen Leid mit den Vorteilen des Friedens konfrontiert. Das Bild zeigt genau, um was es Rubens geht, was die Vorteile einer neuen bürgerlichen Gefühlswelt sein werden. Es geht um Wohlstand, um die Ruhe der bürgerlichen Familie und deren Fruchtbarkeit. Der Gegenpol ist der Kriegsgott Mars, der von der Weisheit-Minerva im Zaum gehalten wird. Die Botschaft ist klar: Wohlstand wird durch Frieden garantiert.

Damit bricht Rubens zu neuen theoretischen Ufern auf. Wohlstand, Handel, bürgerliche Werte, ja Kapitalismus wirken sich zivilisierend auf unser Leben aus. Das eigentliche Gegenmodell der heroischen Gesellschaften, von denen auch Arendt so beindruckt war. Was zu dieser Zeit erstaunlich und auch revolutionär neu ist, dass kaum ein Unterschied zwischen königlichen und späteren bürgerliche Familien auszumachen sind. Gleichzeitig bleibt der Krieg als eine ständige Bedrohung im Hintergrund. Frieden ist nicht selbstverständlich, sondern muss gegen die ständige Bedrohung des Krieges verteidigt werden. So ist es auch mit dem Mitgefühl. Das Gegenteil, die gefühlslose Grausamkeit ist immer im Hintergrund, ja ist der Hintergrund, auf dem Mitgefühl erst möglich wird. Es sind neue Eigenschaften, die in diesem Portrait auftauchen. Dieses Bild stellt daher auch die Hoffnung einer neu gedachten Soziologie dar.

Die Bürgerliche Familie und ihre Gefühlswelt

Die bürgerliche Familie, wie sie bei Rubens dargestellt wird, ist der Schlüssel für das neue Mitgefühl. Die neuen Mittelschichten werden in dieser Zeit zu den Trägern der neuen stillen Moral des Haushalts. Die damit verbundene Idee der Kindheit entwickelte sich als integraler Teil des Konzepts der Familie als der wesentliche Bereich der Privatsphäre und Intimität. Die Familie übernimmt auch zunehmend die Verantwortung für die Erziehung von Kindern und für ihre moralische Entwicklung. Mit dieser Privatisierung der moralischen Erziehung entwickelt sich auch gleichzeitig die öffentliche Sorge um die Kinder (und Erwachsenen), die keine „perfekte“ Familie hatten. Das bürgerliche Heim wird der Ort der Tugend und die Straße wird zum ultimativen Ort des Lasters und der moralischen Degeneration, während das Heim mit der Familie im Vordergrund der Ort wird, wo Tugend herrscht. Die Straße wurde zum Kontrapunkt der Vorstellung vom bürgerlichen Heim, die zu einer Zivilisierung der Sitten in den Jahren nach dem Westfälischen Frieden führten. Das Zuhause wurde wenigstens normativ von einem Wohnort zu einer Insel der Sicherheit, Wärme und Intimität verwandelt. „Sicher zuhause“ zu sein, war der idealisierte Zweck der Häuslichkeit. Und wenn diese Sicherheit gefährdet ist, gilt das als ein Bruch mit der normativen Wirklichkeit.[15] Diese Häuslichkeit entstand als konstitutives Element der Mittelschicht. Das repräsentative Haus sollte kein stattliches Herrenhaus sein für die Reichen, sondern aber ein durchschnittliches Haus für die Familien der Mittelschicht. Gleichzeitig wurde das Ideal der Privatheit und des Eigentums damit zum Ausdruck gebracht. Aber die Häuslichkeit wurde nicht nur in einer moralischen Architektur zum Ausdruck gebracht; es reflektierte eine emotionale Haltung, eine Suche nach Innerlichkeit nicht nur der Architektur, sondern auch der Seele. Es wurde eine sentimentale Suche nach Sinn und Sicherheit. Das eigene Zuhause wird zur Zuflucht vor einer Welt der Bedrohung und Unsicherheit. Es spiegelt die innere Landschaft der Mittelschicht, die sich nicht mehr an Traditionen und Bräuche orientieren wollte und konnte, sondern immer auf der Suche nach Bedeutungen und Ankern in ihrem Leben waren. Die in Wohnungen verwandelten Herrenhäuser sollten sowohl diese Anker als auch Einstellungen für das Innenleben werden. Häuslichkeit wurde zum Ort der Sentimentalität, während der Bereich der Rationalität in der Welt des Handels und der Geschäftsangelegenheiten außerhalb blieb.[16] Jeder Lebensbereich war von der Existenz des anderen abhängig.[17] Die Sensibilitäten der Mittelschichten manifestierten sich in der Mäßigung und in einem Kult der inneren Werte. Sicher waren das nicht Rubens Absichten in dem Portrait, es ging ihm um Frieden, aber wie ein moderner Soziologe schaffte er es, diesen neuen Eigenschaften der Gesellschaft herauszuarbeiten, obwohl sie noch nicht wirklich verankert waren. Die Ehe wurde als eine Gemeinschaft von Geist und Emotion wahrgenommen. Häuslichkeit und das emotional intensive gemeinsame Leben wurden als Quelle des Glücks und Zufriedenheit empfunden. Diese Liebes- und Heiratsideale waren am deutlichsten in neuen Ideale der Kindererziehung zu sehen. Debatten in Europa des 18. Jahrhunderts griffen die Praxis an, die Kinder Erziehungspersonal zu überlassen, und die Eltern wurden ermahnt, ihre Kinder selbst zu erziehen und damit besser „fühlen" zu können. Eltern wurden angemahnt, nicht grausam zu ihren Kindern zu sein und Müttern wurde dringend geraten, ihre Kinder zu stillen (Blumin 1989).

Die pädagogischen Theorien der Mittelschicht spiegelten sich auch in der bürgerlichen Sozialtheorie wider. Da ging es um die sanfte „menschliche Natur" auch als Kampfbegriff gegen die künstliche Lieblosigkeit des Adels. Kleine Kinder wurden zu „Tabu Rasa", zu ungeschriebenen Blättern, noch ungebildet und noch nicht fähig, moralisches zu urteilen, aber erziehbar und fähig, moralisches Verständnis zu lernen. Man wird nicht mit Privilegien geboren, sondern man erzieht sie sich an.[18] Damit wurde auch die frühe Kindheit als eine neue und separate Zeitspanne verstanden. Ein weiterer Aspekt dieser historischen Entwicklung war die Trennung zwischen Heim und Arbeit. Die Rationalisierung der Arbeit ermöglichte es, die Arbeit auf bestimmte Stunden des Tages einzuschränken. Die Zeitdisziplin der Arbeit führte auch zu sehr differenzierten zeitlichen Sphären der Nichtarbeit oder Freizeit. Da nun Arbeit und Zuhause räumlich und zeitlich getrennt wurden, konnten sie auch als separate emotionale oder psychologische Einheiten verstanden werden. „Zuhause" verwandelte sich in einen Ort und eine Zeit, in der nicht nur nicht gearbeitet wurde, sondern wo man emotionale Zuflucht vor dem Bereich der Arbeit suchte. Diese Wahrnehmung von dem eigenen Zuhause als Zuflucht kompensierte für die manchmal grausamen Kämpfe des Arbeitstages. Die Folgen der Trennung zwischen Wohnort und Arbeit sowie zwischen häuslichem und beruflichem Leben stellten viele normative Anforderungen an Emotionen, die sich dieser neuen Situation anpassen mussten.[19] Die „Entdeckung" der Kindheit war der Kitt dieser häuslichen Existenz und gerade für Frauen wurde Häuslichkeit zur emotionalen Existenz, die Mutterschaft und weibliche Identität gleichstellte.

Auch wenn das etwas grob argumentiert ist, kann man durchaus behaupten, dass in traditionellen Arbeits- und Lebensumgebungen das Leben von Kindern von denen der Erwachsenen nicht zu unterscheiden war. Die Familien lebten und arbeiteten zusammen. Kinder waren Teil der Arbeitskräfte der Familien. Häuslichkeit und Kindheit fielen nun zusammen. Ein besonderes Stadium der Kindheit, räumliche Abtrennung, man denken nur an Spielplätze und Kindergärten, wurden durch starke gefühlsmäßige Beziehungen zwischen Eltern und Kinder begleitet.

In der bürgerlichen Welt geht es um bewusste Erziehung. Kinder der Mittelschicht sollten nicht Teil der Arbeitswelt sein, sondern dafür vorbereitet werden. Selbstdisziplin gehörte dazu. Zwischen 1870 und 1930 wurden in den USA und Europa Kampagnen gegen Kinderarbeit geführt und einer der neuen sozialen Eigenschaften wurde, dass Kinderarbeit nicht mehr als natürlich eingeschätzt wurde. Es galt als grausam, dass Kinder arbeiten sollten und auch damit ihrer „Kindheit" beraubt wurden. Das war auch die Aufgabe der Mütter. Zum größten Teil waren die Väter tagsüber abwesend. In Europa wurde das Familien- und Ehemodell vor allem als politische Waffe gegen die Aristokratie und ihren Lebensstil von Glamour und Künstlichkeit angewandt. Innerlichkeit und (Mit-)Gefühl wurden verwendet, um Äußerlichkeit und Kunstfertigkeit zu bekämpfen. Und in den USA richtete sich das bürgerliche Familienmodell nicht gegen die Aristokratie, sondern stellte eine „Republikanisches Ideal" dar, das sich in der Idee der „republikanischen Familie" auf der Grundlage von Gleichheit und Gefühl ausdrückte. Die Umwandlung der Familie von einer Institution für die Übertragung eines Namens zu einer moralischen und spirituellen Funktion mit geteiltem Familiennamen war Teil des neuen politischen Selbstverständnisses der neuen Republik. Die republikanischen Familie suggeriert die amerikanische Variante einer größeren Transformation des westeuropäischen Familienlebens. Dazu gehörten die Ablehnung unverantwortlicher Autorität, die Gleichsetzung von

Eigentumsrechten mit Unabhängigkeit, das Bekenntnis zur Selbstverwaltung und der Wunsch, über menschliche Beziehungen in vertraglichen Bedingungen zu denken, die auf freiwilliger Zustimmung und gegenseitigen Pflichten beruhen. Durch die Umstrukturierung der bürgerlichen Familie wurde die Privatsphäre zu einem positiven Gut: dem einzigen wahren Reich der Freiheit und Selbstentwicklung. Auf diesem Boden wird die öffentliche Sphäre mit der Arbeitswelt, dem Markt, dem Wettbewerb und der Politik identifiziert, während die private die Welt der Heimat, der Häuslichkeit und des Mitgefühls ist. Damit wurde auch ein neues Verhältnis zur historischen Zeit und Erinnerung mitbegründet. Aristokratische Familien waren Traditionsgemeinschaften, die Ahnentafel setzte die historische Zeit fest. Mit der Moderne kam auch das Vergessen.

Auch hier stand der Dreißigjährige Krieg Pate. Im Friedensschluss von Westfalen war auch das Prinzip des *oblivio perpetua et amnestia* – immerwährendes Vergeben und Vergessen – festgelegt. Das war ein klar formulierter Paragraf des Westfälischen Friedens von 1648, der Frieden vom Vergessen der begangenen Verbrechen des Krieges abhängig machen soll. Mit dem Vergessen konnte Frieden zwischen den Staaten geschlossen werden und eine Zeit des Wohlstands beginnen. Es ging auch um den *gemeinsam* erlebten Schrecken des Krieges, den man vergessen und vergeben will. Der Konsum friedlicher Güter ist ein wichtiges Mittel dafür. Kurz nach der Französischen Revolution veröffentlichte Thomas Paine eine für den bürgerlichen Liberalismus wichtige aufklärerische Schrift, *The Rights of Man.* Dort schrieb er auf, was Rubens malte:

I have been an advocate for commerce, because I am a friend to its effects. It is a pacific system, operating to cordialise mankind, by rendering nations, as well as individuals, useful to each other. As to the mere theoretical reformation, I have never preached it up. The most effectual process is that of improving the condition of man by means of his interest; and it is on this ground that I take my stand. If commerce were permitted to act to the universal extent it is capable, it would extirpate the system of war, and produce a revolution in the uncivilised state of governments.[20]

Der fühlende Mensch im Kapitalismus: Die Jüdin von Toledo

Die Frage, die uns weiter interessieren wird stellt sich fast von selbst. Produziert die Handelsgesellschaft, ja der Kapitalismus, einen neuen Menschentypus, der zivilisierter und gefühlsreicher ist? Viele kritische Denker der Moderne sehen das natürlich anders. Die These, dass der Handel uns zivilisiert, ist die Grundlage des anglosächsischen Liberalismus, eine Beschreibung der gesellschaftlichen Verhältnisse, die gerade in Deutschland einen schweren intellektuellen Stand hat. Es ist eine oft gehörte Vermutung, dass mit dem Konsum und der Konsumgesellschaft das Ende der Politik gekommen sei. Ich möchte das mit einer Geschichte veranschaulichen beschreiben: In den frühen fünfziger Jahren schrieb der jüdisch-deutsche Schriftsteller Lion Feuchtwanger im amerikanischen Exil den Roman *Die Jüdin von Toledo*, der von Rachel, „La Fermosa", der schönen jüdischen Frau aus dem Toledo des zwölften Jahrhunderts handelt. Es ist die Geschichte eines ungleichen Paares: der wilde, mächtige Ritter und König Alfons auf der einen Seite und die gebildete, verträumte Rachel, Tochter des jüdischen Finanzministers Jehuda Ibn Esra auf der anderen Seite. Ibn Esra, der nach seiner Rückkehr aus dem muslimischen Sevilla ins christliche Toledo zu einem der mächtigsten Männer der Stadt aufsteigt, wird von Feuchtwanger als der Held der Geschichte dargestellt: Ein verantwortungsbewusster Politiker und finanzielles Genie, der dazu beiträgt, dass Toledo sich zum Handelszentrum von Spanien entwickelt. Der Jude Ibn Esra steht vor dem

Problem, die ritterlichen Ideale seines Patrons unter Kontrolle zu halten, und er ist sogar bereit, dem Ziel eines friedlichen, durch Handel vermittelten Miteinanders von Moslems und Christen seine Tochter zu opfern. Er ist der säkularisierte Jude inmitten der christlichen Zivilisation, er liebt den Luxus und alles, was das zwölfte Jahrhundert an Konsumgütern zu bieten hat. Er ist keineswegs der herzlose, geldgierige Jude, vielmehr ist er der Vertreter eines konstruktiven Umgangs mit der Macht, deren Ziel in der sozialen Koexistenz jenseits religiöser und nationaler Grenzen liegt. Feuchtwanger setzt sich in diesem Roman mit dem suggestionsstarken und oft glorifizierten Ideal des Ritters auseinander, das trotz seiner Oberfläche der Höflichkeit noch tief in die Barbarei verstrickt ist und in seinem Streben nach Tod und Ehre notwendigerweise zerstört, was andere aufgebaut haben. Es ist ein Kommentar über Barbarei und Zivilisation. Der Roman – geschrieben unmittelbar nach dem Zweiten Weltkrieg und nach der Zerstörung der deutsch-jüdischen Welt gebildeter und wohlhabender Bürger, in der Feuchtwanger zuhause war – soll den Leser an das Fortbestehen dieses zerstörungsträchtigen ritterlichen Ideals erinnern, dem Wohlstand, Luxus und Konsum gleichgültig sind. Gegen dieses Ideal zeichnet er ein unheroisches Bild des Heldentums. Träger dieses Ideals, ausgedrückt im Streben nach Wohlstand und Handel, sind nicht die Ritter, sondern sind Bürger der Stadt, sind Juden und Frauen, die der destruktiven Kraft der Ritter und Barone mit dem stillen Vergnügen an materiellen Dingen entgegenzuwirken versuchen. Es ist natürlich kein Zufall, dass sich Feuchtwanger Bilder des Mittelalters bemüht. Das große Vorbild ist Gotthold Ephraim Lessings *Nathan der Weise* von 1779, ein Klassiker der Aufklärungsliteratur. Auch Lessing lässt die Handlung im Mittelalter während der Kreuzzüge spielen. Um Toleranz und Koexistenz geht es dabei und natürlich auch um Mitgefühl und Freundschaft, die ständige Themen von Lessing waren. Die Schlüsselszene ist die Frage des Sultans, welches nun der richtige Glaube sei. Nathan wundert sich über diese Frage: „Ich bin auf

Geld gefasst und er will Wahrheit … und will sie so, als ob sie Münze wäre" (3. Akt, 6. Auftritt). Nathan weiß auch, dass er weder Jude noch Nicht-Jude sein kann. Einfach Mensch soll er sein. Nathan ist auch der Händler, der Hoffaktor, den die Nazis in der Figur des Jud Süß so verachteten.

Wir sind zurück bei dem Bild von Rubens. Aber es steht mehr auf dem Spiel hier. Wie das Bild von Rubens auch zeigt, ist der Niedergang der heroischen Ethik gleichbedeutend mit der Feminisierung der Kultur. Feminisierung der Kultur aber heißt oft auch Judaisierung der Kultur. Die Metaphorik des Antisemitismus identifizierte den Juden nicht nur mit dem seelenlosen Handelsgeist, sondern charakterisierte ihn oft genug auch als unvollständigen Mann, eigentlich als Frau. Das ist nur folgerichtig: Denn wenn man mit dem Handelsgeist das Ende des männlichen Heldentums gekommen sieht, ist es nicht mehr weit bis zur Gleichsetzung von Juden und Frauen. Das soll in späteren Kapiteln nochmals aufgegriffen werden. Hier werden auch die Stränge zusammengezogen, wo Kapitalismus und Liberalismus mit verweichlichten, verfeinerten, verweiblichten und jüdischem Geist identifiziert wird.

Todesangst, Markt und Demokratie

Etwa zeitgleich zu Rubens – auch am Beginn der Moderne – angesichts des europäischen Krieges des 17. Jahrhunderts – hat der englische Theoretiker Thomas Hobbes die Todesangst als den ursprünglichen Trieb für moderne Institutionen angesehen. Es war dabei die Unterwerfung unter die Souveränität des Staates, welche das Recht auf Leben garantieren konnte:

Der alleinige Weg zur Errichtung einer solchen allgemeinen Gewalt, die in der Lage ist, die Menschen vor dem Angriff Fremder und vor gegen-

seitigen Übergriffen zu schützen und ihnen dadurch eine solche Sicherheit zu verschaffen, dass sie sich durch eigenen Fleiß und von den Früchten der Erde ernähren und zufrieden leben können, liegt in der Übertragung ihrer gesamten Macht und Stärke auf einen Menschen oder eine Versammlung von Menschen, die ihre Einzelwillen durch Stimmenmehrheit auf einen Willen reduzieren können. Das heißt so viel wie einen Menschen oder eine Versammlung von Menschen bestimmen, die deren Person verkörpern sollen, und bedeutet, dass jedermann alles als eigen anerkennt, was derjenige [...] tun oder veranlassen wird, und sich selbst als Autor alles dessen bekennt und dabei den eigenen Willen und das eigene Urteil seinem Willen und Urteil unterwirft. (Hobbes 1651/1991, S. 120 f.).

Nicht allein der Markt, sondern auch die politische Demokratie und Gleichheit steht am Beginn der Moderne. Die Souveränität geht, so kann man hier sehen, der Nation voraus. Und die Religion wurde damit auch säuberlich vom Staat getrennt. Es sind diese beiden Stränge, der Markt als zivilisierende Kraft und die auf Gleichheit beruhende Demokratie, die die Wegbereiter des Mitgefühls sind und unsere weiteren Überlegungen begleiten werden. Hobbes hat wie kein anderer Denker der Moderne über die Todesangst als deren Motor geschrieben. Auch das ist Teil der modernen Gleichheit und Demokratie, die Fähigkeit, uns gegenseitig weh zu tun und auch zu ermorden. Es geht mir hier auch darum, einen soziologischen Ansatz anzuwenden, der die neuen Eigenschaften des Mitgefühls aufzeigt. Der Grundgedanke ist ziemlich simpel: Nicht nur Wissen und Denken sind sozial bedingt, sondern auch Gefühle. Dabei handelt es sich auch um die Entdeckung des Gesellschaftlichen. Und es ist ein Versuch, die Philosophie der Gefühle durch deren Soziologie zu ersetzen. Dabei geht es nicht um eine synthetische Einheit des Gefühls. In modernen Gesellschaften gibt es natürlich keine einheitlichen Gefühle. Nun hatte schon Karl Marx gesagt, dass sich die Sichtweise auf die Gesellschaft von Klasse zu Klasse unterscheide.

Aber diese Auffassung ist eine zu starke Engführung. Sobald es mehr als eine Sichtweise gibt, mehr als eine Gefühlswelt, ist der Konflikt zwischen ihnen unvermeidbar. Es geht um Perspektive, die Sicht auf die Welt. Und die Art, die Welt zu interpretieren, ergibt sich aus den Erfahrungen, die Menschen machen. Soziologie ist eine Erfahrungswissenschaft. Und sie ist ein Experiment. Die Welt zeigt und offenbart sich nun einmal immer in einer Perspektive, von einem Standpunkt her, der sie für den Betrachter bestimmt. Wenn jemand also die Welt sehen will, wie sie wirklich ist, dann bedeutet es, das zu erleben, was von vielen geteilt wird. Meine Soziologie des Mitgefühls ist ein Versuch, neue Fundamente in einer Zeit zu finden, als die Verlagerung der Fundamente im Zuge der Umwälzungen der Moderne, alles relativ erscheinen ließ. Die Wurzel- und Heimatlosigkeit, die für viele mit den großen Veränderungen von Industrialisierung, Rationalisierung, Verstädterung, Individualisierung assoziiert waren, möchte ich auch mit der Herausbildung des neuen Mitgefühls verbinden. Liberale sind auch Menschen, für die die Gegenwart der Anfang der Zukunft ist, die aufbrechen und damit auch ältere Strukturen hinter sich lassen.[21]

Man kann sowohl das Bild Rubens als auch das Zitat von Hobbes aus drei Perspektiven betrachten. Zunächst können wir sie als Analepse lesen, als ein Zurückspulen der Zeit, eine Erinnerung. Es ging Rubens (und auch Hobbes) unter anderem darum, eine barbarische Vergangenheit zu beschwören. Jedoch ist das Bild auch eine Prolepse, ein Vorspulen der Zeit, also in die Zeit der bürgerlichen Familie und des Friedens. Aus der Verbindung dieser Vor- und Rückschau in der Zeit entsteht ein neuer Blick auf die Gegenwart jenes Bildes. Ist sie das Ende einer Vergangenheit oder ist sie der Beginn einer Zukunft? Ich denke: Weder noch. Dieser Gegenwart vor dem Hintergrund jener Pro- und Analepse nachzugehen, wird bedeuten, die Vergangenheit und die Zukunft jener Gegenwart übereinander geschoben zu sehen.

Es geht mir in diesem Essay darum, aus dieser Situation heraus ein Denken zu dechiffrieren, das das Gesellschaftliche aus dem Individuellen heraus zu denken vermag und dabei einen Blick entwickelt, der die scheinbaren Zwangläufigkeiten der Vergangenheit im Sinne einer gestaltbaren Zukunft überwindet. Und das Mitgefühl ist der Schlüssel dafür.

Es geht mir sicher nicht darum, ein Lobeslied auf die Moderne zu singen, noch geht es mir darum, kaltkriegerisch den Kapitalismus als beste Lebensform zu preisen. Das ist Anfang des 21. Jahrhunderts nicht angebracht. Es geht mir aber darum zu zeigen, dass die Welt nicht nur schlechter wird, dass es nicht nur mit Hoffnung auf bessere Zeiten zu tun hat, sondern, dass die Moderne in sich das Potenzial enthält, das sogenannte Böse zu erkennen und verbessern zu wollen. Und konkret geht es mir in diesem Essay um öffentliches Mitgefühl und nicht nur um Mitleid, obwohl diese beiden sozialen Gefühle schwer auseinanderzuhalten sind. Aber ich nehme Mitgefühl wörtlich. Mitgefühl heißt mit anderen fühlen zu können, während Mitleid eben heißt, mit anderen zu leiden. Es soll weiter gehen, als nur am Unglück anderer teilhaben zu wollen. In der Philosophie wird meist von Mitleid und Mitleidsethik gesprochen (Hamburger 1996) aber als Soziologe möchte ich den Begriff weiter öffnen. Meiner Ansicht nach haben viele Philosophen zwar hochdurchdachte und hochentwickelte Ethiksysteme geschaffen, aber solche Systeme liegen außerhalb der Welt der meisten sozialen Akteure und sprechen kaum mit und zu den Menschen, die sie erreichen sollen. Eine Soziologie der modernen globalen Gefühlswelt kann nicht so universell und philosophisch denken. Wir müssen daher eher die Frage einer global relevanten Ethik in einer Welt voller Risiken und Unsicherheiten untersuchen. Während in der Philosophie Moral universell sein muss, um als gültig angesehen zu werden, gelten in der Soziologie andere Regeln. In der Soziologie geht es um gesellschaftliche Gruppen, besondere Erfahrungen und darum, wie Menschen, eingebettet in Raum und Zeit, ihr Leben verstehen und ihrer Welt einen Sinn geben. Es geht um Macht und Interessen und die sozialen Grundlagen unserer Erfahrungen. Bei der Moral hingegen geht es um den Menschen im Allgemeinen, unabhängig von zeitlichen oder räumlichen Bezügen, nicht um territorial begrenzte Gruppen und deren Grenzen. Auch in der Mitleidsethik gelten die Regeln als unantastbar und für die Menschheit als Ganzes. Bei der Moral geht es um Würde und den abstrakten Menschen, und sie braucht keine soziologische Verkleidung. Mein Ansatz wird sich ständig zwischen diesen beiden Polen bewegen. Daher will ich relevante Fragen stellen, die sich darauf beziehen, wie Akteure der Moderne sowohl auf die Welt einwirken als auch sich selbst die Welt erklären. Wenn es um das Phänomen einer solchen Ethik des Mitgefühls geht, will ich die Perspektive der Schnittstelle zwischen besonderem Handeln und universellen Erklärungen dieser Handlungen untersuchen. Es geht also auch um die Erinnerung an die Zukunft, die voller Grausamkeit und Gefahren sein kann. Es geht um die Spannung des *Nie Wieder* und des *Wieder* und *Wieder*.

Ich werde mit der These beginnen, dass die modernen Gesellschaften eine ihre adäquate Form des Mitgefühls erzeugen, nicht immer bewusst, oft auch als unbeabsichtigte Folgen der handelnden Menschen der Moderne. Eine der Formen, in der diese neue Form der Moral entsteht, sind natürlich die Medien. Von gemalten Porträts, über das Fernsehen zu den sozialen Netzwerken werden Menschen ständig Angebote unterbreitet, die sie natürlich ignorieren können, aber mit denen sie sich auseinandersetzen müssen. Dabei werde ich auch die Begriffe Moderne und Postmoderne versuchen differenzierend zu verstehen. Über eine moderne Moraltheorie der Moderne werde ich versuchen, vor- und postmodernen Kritikern zu antworten, die behaupten, dass Mitgefühl nicht authentisch sei, oder nichts weiter, als den Willen zur Macht und Herrschaft auszudrücken. Um der Falle dieser durchaus wichtigen Gesellschaftskritik zu entkommen, werde ich andere Theorien zurate ziehen, Theorien, die den Zusammenhang zwischen der Entstehung des Kapitalismus und des daraus entstehenden Mitgefühls versuchen zu begreifen. Ausgangspunkt werden für mich die Theorien der Schottischen Aufklärung sein, die von ihrem epistemologischen Standpunkt aus in Glasgow und Edinburgh des 18. Jahrhunderts gleichzeitig den Aufstieg der Handelsgesellschaft und die Kräfte der alten Welt in den Schottischen Hochländern beobachten konnten. Der wichtigste Vertreter dieser Schule war Adam Smith (1723–1790), der gleichzeitig eine Moral- und Wirtschafstheorie entwickelte.[22] Über die Theorie von Smith werde ich versuchen, eine Sozialtheorie des Mitgefühls zu entwickeln. Adam Smith ist in Deutschland eher durch die kritischen Analysen von Karl Marx bekannt, der versuchte, ihn als einen bürgerlichen Denker zu entlarven. Diese sogenannte Demaskierung Smiths nimmt aber nichts von der in der Tat bürgerlichen Denkart von Adam Smith. Wenn in der Tat alles Denken klassenbezogen ist, warum sollte dann der aufstrebende Mittelstand keine Ideologie besitzen? Marx selbst wurde ja durch die Beobachtung des Elends der Industriearbeiter zu seiner Radikalität gebracht, aber wir kennen von Marx selbst kein Reflektieren über sein eigenes Mitgefühl der Elendsten der Welt. Für Marx waren – vulgär gesagt – die herrschenden Gedanken die Gedanken der Herrschenden. Menschen sollten vom falschen Bewusstsein gerettet werden und dazu gehört, dass Gedanken demaskiert werden müssen. Mir geht es darum, die bürgerlichen Gedanken aus sich selbst heraus zu verstehen, als gleichzeitig Ideologie und Utopie (Mannheim 1929). Gemeinsam mit Karl Mannheim will ich behaupten, dass alle politischen Ideologien partikular sind. Dies implizierte zugleich eine Kritik an einer grundlegenden Vorstellung von Wissenschaftlichkeit, nach der diese eine privilegierte Position außerhalb des von ihr Beobachteten habe, so dass man, wenn man den richtigen wissenschaftlichen Apparat hat, von außen nach innen schauen kann – dass es also einen Ort gibt, von dem aus man die Wahrheit erfahren kann. Darum geht es mir nicht, es geht mir darum, die Gedanken des Bürgertums offenzulegen, um damit behaupten zu können, dass es einen Zusammenhang zwischen Kapitalismus, Demokratie und öffentlichem Mitgefühl gibt. Ich werde versuchen, die liberale angloSächsischen Sozialtheorie mit anderen Theorien vergleichen, um auch den modernen Humanitarismus verstehen zu wollen. Ich werde mir Kampagnen gegen Grausamkeiten, gegen Tiere, Kinder und Frauen näher anschauen, um auch historisch zu zeigen, wie diese Kampagnen mit einem neuen bürgerlichen Selbstverständnis zusammenhängen. Auch werde ich zeigen wollen, inwieweit Juden und Jüdinnen obwohl ultimative Fremde versuchten, in den Kreis der moralischen Gefühle mitaufgenommen zu werden, und warum das zum Scheitern verurteilt war. Das Ziel des Essays ist, einer bürgerlichen Sozialtheorie des Mitgefühls einen epistemologischen Raum zu verschaffen. Es geht mir nicht darum zu zeigen, dass Märkte und Demokratie Mitgefühl erschaffen, aber dass es eine Wahlverwandtschaft zwischen diesen Strukturen und Mitgefühl gibt. Nachdem ich die theoretischen Grundlagen gelegt habe, werde ich das Thema in einem weiteren Kapitel über die Menschenrechte weiterentwickeln. Auch dort werde ich die Ambivalenzen der Moderne verhandeln. Über die Menschenrechte, den soziologischen Theorien des Holocaust, der Vernichtung, aber auch der Rettung von Juden, werde ich jenseits der Dichotomie, dass die Moderne gleichbedeutend mit Zivilisationsprozess (Norbert Elias) zu verstehen ist, oder ob sie gleichbedeutend mit Barbarei zu verstehen ist (Zygmunt Bauman), zu einer reflektierten Theorie kommen, in der beide Auffassungen miteinander leben können und sogar müssen. Moderne Menschen sind imstande, bestimmte Praktiken als barbarisch zu erkennen und sie in einem Zivilisationsprozess zu überwinden. Ein wichtiges Beispiel dafür wird im dritten Kapitel über die vergangene und jetzige Flüchtlingskrise beschrieben werden. Geflüchtete Menschen sind meist Fremde, die in eine neue Welt stoßen und dort gewisse Ansprüche an die Mitmenschen stellen. Die

Gründe für die Flucht können politisch sein, sie können aber auch wirtschaftlich bedingt sein, wenn es um die Verbesserung der Lebensbedingungen geht. Eine bürgerliche Theorie des Mitgefühls, das durch Kapitalismus entsteht, sollte sich gerade dieser Form der Wirtschaftsflucht hingeben können. Am Ende des dritten Kapitels werden die Fäden gezogen. Es geht in dem Essay um die Rekonstruktion einer Soziologie, die unterschwellig mit uns ist, aber oft nicht ausgesprochen wird. Das Buch unternimmt daher – erneut in Formen der Analepse, der Prolepse und der Schichtung – eine Reise in die Zeit und eine Reise von Europa nach Amerika. Es wird von verschiedenen Intellektuellen wie Adam Smith, Hannah Arendt, Michel Foucault und Zygmunt Bauman begleitet. Darunter ist Hannah Arendt wohl diejenige, die am kontinuierlichsten präsent sein wird. Die Auseinandersetzung mit ihr hat diesen Essay mitbestimmt. Die Protagonisten und Protagonistinnen sind unbekannte Menschen, vielen von ihnen Juden und Jüdinnen. Diesen Unbekannten ist der Essay gewidmet.

Kapitel 1
Mitgefühl und Kapitalismus

Öffentliches Mitgefühl

Ich beginne mit dem Begriff des Mitgefühls, aber das Mitgefühl, um das es mir gehen soll, ist „öffentliches Mitgefühl". Damit meine ich die organisierte Kampagne zur Verminderung des Leidens von Fremden. In meinen Augen ist das eine deutlich moderne Form der Moral. Sie spielte eine historisch wichtige Rolle, wenn wir von der Entstehung moderner Gesellschaften sprechen. Und sie spielt auch heute noch eine wichtige Rolle, gerade wenn wir die moralisch aufgeladene Politik um uns herum zu verstehen versuchen. Und wenn wir die Struktur des Mitgefühls und wie es sich gesellschaftlich damit verhält verstehen, können wir viele soziale Bewegungen erklären, die sonst eher zufällig, beispiellos und postmodern erscheinen. Die Vorstellung, dass der Anblick des Leidens uns eine moralische Verpflichtung zur Linderung dieses Leidens auferlegt, scheint auf den ersten Blick so alt wie die Menschheit zu sein. Ist sie aber nicht. Sie stellt in der Tat ein modernes Angebot da, dass an moderne beobachtende Menschen gemacht wird. Dieses Angebot muss geprüft werden und kann auch abgelehnt werden. In dieser Hinsicht funktioniert es nicht zufällig wie eine angebotene Ware. Nicht jeder mitfühlender ist ein mitleidender Mensch, aber das Angebot kann nicht einfach ignoriert werden. Es liegen Welten zwischen einer moralischen Pflicht, an die einst Heilige gebunden waren – erinnern wir uns an den barmherzigen Samariter und die daraus entstehenden Samariterorden – und einem moralischen Angebot, dass alle vernünftige Menschen verpflichtet. Das heißt dann natürlich auch, dass man diese Pflicht ablehnen kann. Auch darum geht es. Mitgefühl kann auch verweigert werden. Menschen öffentlich leiden zu sehen galt noch vor dem 19. Jahrhundert als selbstverständlich. Die öffentliche Zuschaustellung des Leidens war ein öffentliches Spektakel. Menschen sollten öffentliche Hinrichtungen und Folter zuschauen und das nicht nur als Abschreckung. Es galt, dass dieser Anblick zur Verbesserung der Menschen beiträgt. So waren öffentliche Hinrichtungen bis zur Mitte des 19. Jahrhunderts gang und gäbe. Das wäre heute in den meisten Gesellschaften unvorstellbar. Was ist in der Zwischenzeit geschehen?

Und vor dieser Zeit, während der Reformation, die oft als die erste Wende auf dem Weg zur Moderne galt, wurden Menschen, deren einzige Verbrechen ein anderer Glaube war, routinemäßig auf den Stadtplätzen der europäischen Hauptstädte verbrannt. Auch das wäre heute unvorstellbar. Die Bewegung zur Reform solcher öffentlicher Grausamkeiten spiegelte eine Veränderung in der Auffassung der menschlichen Natur wider. Öffentliche Darstellungen von Grausamkeit wurden nicht mehr als heilsam oder verbessernd angesehen.

Die Kraft der Bilder

Wie kam es zu diesem Wandel der Gefühlswelt? Warum schauen „wir" heute mit Horror und Faszination auf öffentlich zur Schau gestellte Grausamkeit? Das war auch klar, als die Bilder von der Ermordung des Schwarzen George Floyd am 25.Mai 2020 durch einen weißen Polizeibeamten in Minneapolis durch die Welt gingen. Das ist ein gutes Beispiel für meine Grundthese. Es geht dabei um Bilder. Und bei Bildern geht es um Beschreibungen und Vorstellungen. Die Eindringlichkeit dieser Bilder entkoppelte das Ereignis von dem spezifischen Ort (Minneapolis, USA) und der spezifischen Zeit (Mai 2020) und sie bringen auf diese Weise – wenigstens einen historischen Augenblick lang – die nationalen

Mauern der sogenannten globalen Apathie zum Einsturz, die nach innen Räume des Mitfühlens und Mitleidens und nach außen Räume der Mitleidlosigkeit schaffen und aufrechterhalten. Dies kann man nun nicht nur für mediatisierte Bilder sagen, sondern für Sprache ganz allgemein, ob das die Sprache der Fotografie (wie wir sehen werden), der Malerei (wie wir sahen) oder der Literatur ist. In den verschieden Sprachen muss die Sprache das Mitfühlen zum Vorschein bringen. Alle Horizonte, alle Zaubermittel der Sprache – Metaphern, Erzählungen, Prosa, Dramaturgie oder auch Gemälde, müssen entfaltet und genutzt werden, wenn Mitgefühl möglich und wirklich werden soll. Diese Bilder dichten, fühlen das Leid der entfernten Anderen als eigenes Leid. Das Mitgefühl findet in der Sprache oder gar nicht statt. „Ich kann nicht atmen" wurde so zu einem globalen Sprechakt des Mitgefühls. Der Schrecken für andere (in diesem Fall George Floyd, aber die Beispiele sind unzählig) wird auf diese Weise zum Schrecken für uns, und der Schrecken hat für uns nicht ein anderes Gesicht, er hat viele Gesichter, und alle sehen aus wie unser eigenes. Weil jeder und jede zum generalisierten Mitfühlenden wird, denkt jeder: Das Gesicht der Tragödie könnte mein eigenes sein. Gerade die traumatische Obszönität, in der Bild und Wirklichkeit, Sprache und Mitleiden eins werden, eint die individualisierte globale Gesellschaft. Die ganze Vielfalt der neuen Kommunikationsmedien – die kommunikativ-mobile Weltgesellschaft, der Tourismus, die Transnationalisierung des eigenen Lebens und seiner Netzwerke – tötet die Entfernung, die Gleichgültigkeit, weckt die Neugierde, ermöglicht es, per Mausklick Nachrichten, Schicksale aufzuspüren, auszutauschen, zu überprüfen, in ihre Einzelheiten hinein zu verfolgen. Bis zu einem gewissen Grade kann jeder sich überall einmischen, zum Reporter werden, der seiner eigenen Story des Dabeiseins nachgeht, ohne dass wir dabei zu moralischen Helden werden. Dieser neue Raum, in dem die Medienmoralität verhandelt wird, kann auch „Mediapolis" genannt werden (Silverstone 2006). Mediapolis auch deshalb, weil Hannah Arendts Analyse des territorial ungebundenen politischen Raumes hier der Ausgangspunkt darstellt. Es geht hier nicht um Intimität und besondere Aufmerksamkeit. Die moralische Anteilnahme spielt sich distanziert ab. Öffentlichkeit heißt nicht mehr direkte Interaktion, sondern eine auf Monitoren und Schirmen vermittelte Sympathie. Personen sind zur selben Zeit am selben Ort anwesend, haben aber nichts miteinander zu tun. Unter solchen Umständen ist es notwendig, den anderen einerseits wissen zu lassen, dass man seine Existenz zur Kenntnis genommen hat, andererseits aber deutlich zu machen, dass er nicht das Ziel besonderer Interessen oder Absichten ist. So unabsichtlich funktioniert auch das Mitgefühl.

Andere Medien schaffen andere Welten. So ist die Welt von CNN anders als die Welt von Al Jazeera, die sich wiederum von der Welt der Tagesschau klar unterscheidet. Aber sie teilen alle den gemeinsamen medialen Raum. Hier entsteht ein politischer und moralischer Raum, wo Menschen gemeinsam handeln und sprechen. Es ist ein offener Raum, wo verschiedene Erzählungen aufeinandertreffen. Nicht nur um vernunftbezogene Diskurse geht es, sondern auch um die Erweckung von moralischen Gefühlen, die gerade durch Bilder erzeugt werden können. Die Welt wird mit anderen geteilt. Es geht dabei um die permanente Verhandlung von universalen und partikularen Erfahrungen. Um moralischen Minimalismus und nicht um moralischen Relativismus geht es dabei. Dabei wird es klar, dass die Vermeidung von unnötigem Leid einer der wichtigsten Kriterien dieses neuen bürgerlichen und gesunden Menschenverstands wird. Dieser „Gemeinsinn“ (wie es in der britischen Moraltheorie heißt) wird durch die Macht der Geschichten und ihrer Verbildlichung erzeugt. Und das nicht trotz Pluralismus sondern wegen Pluralismus. Das ist der große Unterschied zwischen den aus liberalen Umfeldern entstandenen Moraltheorien und normativen Moralvorstellungen, die die Heilserwartung so hoch schrauben, dass sie nie erfüllt werden können.

Mitgefühl und die Herausforderung der Postmoderne

Wie kam es dazu? Eine scheinbar banale soziologische Frage, auf die es eine ebenso banale Antwort gibt: der moderne Mensch ist der mitfühlende Mensch. Seit dem Beginn der Professionalisierung der Soziologie stellt sich die Frage nach der Gefühlswelt moderner Menschen. Aber gerade heute stellt sie sich dringender denn je. Postmodernisten glauben nicht daran, dass menschliche Gefühlswelten „authentisch" sind. Ganz im Gegenteil, in dieser Auffassung ist nichts wahr, nichts stabil, alles ist flüssig. Brauchen wir den Begriff „Postmoderne" überhaupt? Oder umgekehrt gefragt: Hat die Soziologie sich nicht schon viel zu lange mit der „Postmoderne" beschäftigt, vielleicht sogar abgefunden? Ohne Tabus gibt sich die Postmoderne radikal, spielt mit den Prinzipien der Moderne wie das Mitgefühl und demaskiert sie als unterdrückend. Lauert hinter dieser „kritischen Radikalität" nicht letztlich nur der unsoziologische Nihilismus, der sozialen Wandel nicht erkennen will und eigentlich behauptet, dass sich „im Prinzip" nichts verändert hat? Natürlich ist das nicht die Absicht des Postmodernismus. Ganz im Gegenteil: Die Postmoderne ist eine ironische Form der Moderne. Sie lehnt den Ernst und die verborgenen Schrecken, die Absolutismen der großen Erzählungen ab. Sie glaubt, dass die Welt, die sich von diesem Alp befreit, die philosophisch-zeitdiagnostische Rahmung für die experimentellen Spielwiesen der Lebensentwürfe bietet. Die postmoderne Leichtigkeit des Seins kannte noch keinen Klimawandel, keine Weltfinanzkrise, keinen Covid-19 und was für Ungetüme der „Schlaf der Vernunft" noch gerieren mag. Gleichzeitig geht die Postmoderne stillschweigend davon aus, dass die Institutionen der Moderne (Nationalstaat, Erwerbsarbeitsgesellschaft etc.) wie tiefgefroren weiter existieren. Und wenn diese Postmoderne dann auch noch „flüssig" wird – wie es Zygmunt Bauman (2000 und 2006) als Beispiele in seinen letzten Büchern so deutlich ausmalte

– dann heißt das schlicht, dass überall Ambivalenz und Unsicherheit regieren. In der „flüssigen" Moderne wird letztlich nichts infrage gestellt. Es entsteht auch nichts Neues. Es geht alles weiter wie bisher – nur schneller und ohne Sicherheitsgurte. Die Postmoderne ist daher nichts anderes als eine selbstverliebte Spielform der real existierenden, nicht angeschnallten dahinjagenden Moderne. Sie kann daher Mitgefühl als Phänomen der Moderne nicht wirklich in den Griff bekommen. Wenn man aber das Mitgefühl ernst nehmen will, dann geht es darum, eine soziologische Ethik zu beschreiben, die in Geschichte und Erfahrung gewoben ist. Sie beruht auf dem Leben der Menschen, ihrer Würde und ihrem Wunsch, ohne Qual und Schmerz leben zu können. Dabei geht es nicht um den von der Anthropologie gelehrten Kulturrelativismus, in dem die verschiedensten Sitten und Gebräuche in einer sich gegenseitig anerkennenden Welt integriert werden können, und weiterhin geht es nicht um den moralischen Gegensatz zwischen „gutem" Universalismus und „bösem" Partikularismus. Das moderne Mitgefühl ist, und das ist zentral, keineswegs gleichzusetzen mit Atheismus und Säkularismus. Eigentlich ist das Gegenteil der Fall: Die soziologische Theorie des Mitgefühls hat durchaus auch einen transzendentalen Horizont. Es geht um Grenzen zwischen Profanem und Heiligem und es geht um die Sakralität der Existenz (Joas 2015).

Die Religion der Humanität

So spricht der gleichzeitig französische und jüdische Soziologe Émile Durkheim zum Beispiel am Beginn des 20. Jahrhunderts von der „Religion des Individualismus". Durkheim betonte diese im Gegensatz zur kollektivistischen Solidarität des französischen Militärs. Durkheim war viele französische Intellektuelle seiner Zeit von der Dreyfusaffäre geprägt. Für viele (so auch für Hannah Arendt und auch dem Mitbegründer des politischen Zionismus

Theodor Herzl) stand diese Affäre symbolisch für das Scheitern der Jüdischen Emanzipation und Assimilation. Dreyfus war Jude und Offizier und wurde der Spionage für Deutschland beschuldigt. Dreyfus war unschuldig. Nicht um die Ehre des Offizierskorps ging es Durkheim, sondern um die Würde des Einzelnen. Durkheim, der aus einer Rabbinerfamilie stammte, wollte der sogenannten säkularen Soziologie transzendentale Züge geben. Er betonte die irdische Heiligkeit, die die Autonomie des Individuums als Basisprinzip der modernen Gesellschaft inzwischen erlangt hat. Es ging ihm um einen moralischen Individualismus, der sowohl transzendent als auch von dieser Welt ist. Das war für ihn der wahre Ausdruck der Moderne. Da behauptete er zum Ausklang des 19. Jahrhunderts, dass die Unschuld Dreyfus, auch wenn sie im Endeffekt der französischen Armee und dem französischen Staat schaden würde, essentiell sei für die neue Religion der Individualität (Durkheim 1898). Mehr noch, Émile Durkheim glaubte, dass die partikulare Welt des frommen Judentums nicht mehr ausreiche, um den Herausforderungen der Moderne zu begegnen. Er suchte nach universalen Richtlinien – innerhalb und außerhalb des Staates. Er beschrieb die Geburt der zivilen Religion und der Religion der Humanität, wie sie auch im irdischen Erlösungsglauben an die Menschenrechte ihren typischen Ausdruck findet. Es ist diese Religion der Humanität, die es Juden wie Émile Durkheim, dem Rabbinersohn, auch erlaubt, in der Universalität des rationalen Staates aufzugehen. Und ähnliches kann man heute auch über die „säkulare" Religion der Moral des Mitgefühls sagen. Auch diese trägt transzendentale Züge und setzt den Menschen in den Vordergrund. Dabei ist der konkrete Mensch gemeint – nicht die Idee des Menschen. Durkheim wusste sehr wohl, dass man nur gemeinsam mit anderen Menschen religiös sein kann. „Moralischer Individualismus", wie er das nannte, ist sozial und manifestiert sich in der Pluralität der Menschen. Die Religion der Humanität manifestiert nicht sich in der Idee der Humanität, sondern in der Praxis derselben. Gerade für

Juden und Jüdinnen kam die Dreyfus-Affäre als ein Schock für ein Weltbild, das seit der Französischen Revolution Juden politische Gleichheit versprach. Diese Gleichheit sollte auch Gleichheit der Gefühle betonen und setzte Unsichtbarkeit voraus. Der nicht mehr von außen zu erkennende Andere, der Fremde, der so wie andere Fremde ist, kann nun auf das Mitgefühl seiner Mitbürger hoffen. Dass das nicht der Fall war, änderte für jüdische Menschen ihre Lebenswelt. Die Gegner von Dreyfus sahen einen Juden, einen Verräter, einen ehrlosen Menschen, der die radikalen Werte der Gleichheit in das Herz der französischen Tradition, des Militärs, trug. Für die Gegner von Dreyfus war die Gegenwart in der Tat das Ende der Vergangenheit, währen die Unterstützer von ihm diese Gegenwart als den Beginn der Zukunft verstanden, in dem alle Menschen, inklusive Juden, gleich sein konnten.

Noch einmal nachgefragt: Setzt die Moral des Mitgefühls damit nicht auch ein *universalistisches Minimum* (also auch für Juden) voraus? Das ist in der Tat der Fall. Dazu gehören inhaltliche Normen (Heiligkeit), die auf keinen Fall verletzt werden dürfen. Dass unschuldige Menschen nicht vor laufenden Kameras hingerichtet werden, dass Menschen nicht verkauft, nicht versklavt werden dürfen, ist eine solche, inzwischen wenigstens als normative Erwartung dazu gewordene, vielfach enttäuschte „Selbstverständlichkeit", die gegenüber Toleranz ausgeschlossen werden muss. Und dass jedermann aussprechen darf, was er von Gott und seiner Regierung hält, ohne gefoltert und mit dem Tode bedroht zu werden, gehört auch dazu. In diesem Sinne schließt die mitfühlende Ethik einen Bestand an universellen Normen ein, da es diese überhaupt erst ermöglichen, den Umgang mit Andersheit Grenzen übergreifend zu regulieren. Auf diese Weise muss sich diese Ethik auch mit der bitteren Frage nach seinen eigenen Grenzen auseinandersetzen: Bezieht sich das Mitgefühl gleichermaßen auf Despoten wie auf Demokraten, auf Füchse wie auf die Hühner, die sie jagen? Woraus folgt: Man muss sich in den Widerspruch hineinbegeben, die eigenen Grundsätze – mitzufühlen – notfalls brechen, um sie zu bewahren. Die Moderne muss sich ihrer eignen gefährdeten Modernität bewusst werden, ihrer eigenen „Heiligkeit". Dazu gehört auch die Frage nach einem transzendentalen Horizont, der die alleinherrschenden Menschen vor sich selbst bewahrt. Ist die Moderne eine Fiktion, die sich am Ende klammheimlich aus der eigenen Geschichte stiehlt, wie ein „zweitklassiger Gott", und es gibt keine Möglichkeit mehr, ihn zur Rechenschaft zu ziehen? Wie es sich für das Bürgertum auch gehört, richtet sich das Gedächtnis auch auf die Zukunft. Das historische Gedächtnis der Zukunft gehört genauso dazu wie die soziologische Fantasie. *Nie Wieder* kann auch auf der Fantasie von Wahnsinnsszenarien beruhen. Nicht um die heilige Hoffnung einer besseren Welt geht es, sondern um die Furcht, dass die Welt schlechter wird. Und die Idee, dass wir „brutalisierende" Bedingungen beseitigen müssen, um die Menschen zu „zivilisieren", entwickelte sich parallel zur Entwicklung des Kapitalismus und seinen „dunklen satanischen Mühlen", wie William Blake es beschrieb, war eine qualitativ neue Beschreibung des Mitgefühls. Und um diese neue Beschreibung geht es hier.

Mitgefühl als Selbstbeschreibung der Gesellschaft

Öffentliches Mitgefühl ist die moralische Selbstorganisation der Gesellschaft. Es ist die erste moralische Kampagne, die weder von Kirche noch vom Staat organisiert wurde. Gerade die Strukturen der Moderne machen diese Selbstorganisation der Gesellschaft möglich. Und die moralischen Gefühle, die sich aus diesem Prozess ergeben, stellen qualitativ neue soziale Bindungen dar und es liegt fast schon in der Natur der Moderne, Mitgefühl zu fördern. Eigentlich ist das eine schon fast selbstverständliche Annahme, wenn man sich die Welt betrachtet. Aber trotz der historischen

Beschreibungen ist dies eine Minderheitsmeinung in den intellektuellen Beschreibungen der Welt. Diese neigen dazu, die Moderne und moralische Gefühle als widersprüchlich zu betrachten. Sie sehen deutlich, wie die Moderne ältere soziale Bindungen aufbricht, und das stimmt natürlich, aber diese Beschreibungen achten weniger darauf, wie neue Bindungen aufgebaut werden. Wie kann man also Wellen des Mitgefühls in der Politik erklären? Stehen sie außerhalb der Politik?

Es gibt viele Möglichkeiten, die Welt so zu beschreiben, dass Modernisierung Mitgefühl aushöhlt, anstatt es zu fördern und es auch zu normalisieren. Diese Anklagen gegen die Moderne stammen aus vielen Federn. Hannah Arendt und Michel Foucault sind sicher nicht die einzigen, aber mit am wichtigsten. Ihre Anklagen gegen die Moderne sind die originellsten und daher ernst zu nehmen. Sie sind nicht bloße Wiederverwertungen und Wiederholungen der These vom Übergang von Gemeinschaft zu Gesellschaft. Ihre Anklage ist eine Unterscheidung, die die Grundlage so vieler anderer Denker und Denkerinnen ist, die theoretische Probleme mit der Moderne haben und nostalgisch auf eine bessere Welt blicken. Sie erheben die wichtigsten Einwände gegen mein eigenes Argument. Und schließlich waren sie auch die einflussreichsten Argumente für alternative Erklärungen. Foucault in seiner großen Beschreibungen der Moderne „Wahnsinn und Gesellschaft“ (1961), „Die Geburt der Klinik“ (1963) und „Überwachen und Strafen“ (1975) behauptete wohl mit recht, dass in großen Umrissen, die vormoderne Ära als die Zeit der öffentlichen Bestrafung war, die sich durch konkret dargestellte Grausamkeit auszeichnete. Und er hat Recht, dass er einen intellektuellen und erfahrungsgemäßen Bruch zwischen dieser Ära und unserer eigenen beschreibt. Und ich stimme mit ihm überein, dass er die Institutionen der sozialen Kontrolle in den Mittelpunkt der Analyse der Gesellschaft gestellt hat. Diese Analysen der Moderne als im Grunde repressiv haben bin heute große Resonanz. Aber wo wir die Wirklichkeit anders beschreiben, ist in der Beschreibung der Gegenwart. Wo Foucault und seine Anhänger Disziplinierung beschreiben, sehe ich Mitgefühl. Wo sie Macht sehen, sehe ich moralische Gefühle. Und wo sie die soziale Kontrolle als die Kontrolle des Staates über die Gesellschaft betrachten, sehe ich soziale Kontrolle als die Kontrolle der Gesellschaft über sich selbst – eine Art Kontrolle, die sich explizit von der staatlichen Kontierung unterscheidet. Was Foucault und seine Anhänger und Anhängerinnen (zuletzt Giorgio Agamben) grundsätzlich ignorieren, ist die Erfahrung der Menschen in der Gegenwart selbst. Unter dem alten Regime sind Menschen in der Lage, ihre Kinder zu einer öffentlichen Hinrichtung mitzunehmen, als ob es sich um eine moderne Kirmes handelte. Unter Bedingungen der Moderne kann man zwar Gewalt im Fernsehen oder im Netz betrachten, aber die Freude daran gilt nicht mehr als „natürlich". Man kann das natürlich als Heuchelei beschreiben, schließlich ist unser öffentlicher Raum voller Gewalt und das gerade in den Medien. Aber trotzdem. Es hat sich etwas grundlegend verändert und wir sollten diesen Wandel nicht verschleiern. Reale physische Gewalt – nicht die regulierte Gewalt des Sports, noch die unwirkliche Gewalt des Kinos – lässt viele moderne Menschen vor Abscheu zittern (Spierenburg 1984).

Sicher wird heute noch aus politischen und anderen Gründen gefoltert. Das ist nicht die Frage, aber ist es vorstellbar, dass diese Folter direkt im Fernsehen übertragen wird? Sogar die Details der erzählten Folter zu hören, erzeugt in den meisten modernen Menschen eine fast schon physische Abscheu. Und was sind die moralischen Grundlagen der Verurteilung der Folter? Man denke nur an den Folterskandal von Abu Ghuraib aus dem Jahre 2004, als Bilder auftauchten, die amerikanischen Soldaten und Soldatinnen zeigten, wie sie Irakische Gefangene foltern und sich über sie lustig machten. Es ging ihnen in erster Linie darum, diese Gefangenen zu erniedrigen. Nicht die Folter an sich ist hier das auschlaggebende, sondern der Skandal, der der Veröffentlichung folgte (Greenberg 2005). Die Bilder verbreiteten sich wie ein

Lauffeuer nach ihrer Veröffentlichung im April 2004. Sie waren Inspiration für eine globale Unterhaltung, vermischt mit Ekel und Wut. Keiner stellte sich vor die Öffentlichkeit und verteidigte diese Erniedrigungspraktiken als Bilder, die der Weltöffentlichkeit gezeigt werden müssten. Sicher wurde über die „Notwendigkeit" der Folter im Zeitalter des Terrors debattiert, aber niemand argumentierte ernsthaft, dass Folter im Fernsehen oder im Netz gezeigt werden sollte. Und wenn, dann ist es die Ausnahme und nicht die Regel. Das zeigt auch der Effekt der öffentlichen Hinrichtungen und Folter des „Islamischen Staates", so wie die im Internet verbreite Enthauptung von Daniel Perl Februar 2002 oder des Fotojournalisten James Foley 2014. Diese Bilder sind durchaus als „Gegenbilder" zu den Bildern von Rubens zu „lesen", eine klare gegenmoderne Botschaft, dass die Grausamkeit weiter öffentlich gezeigt werden soll. Es ist weder die Brutalität der Taten, noch die Technik der Inszenierung von Gewalt an sich, sondern es ist gerade die öffentliche Sichtbarkeit der Taten und das globale Spektakel, was diese (Un-)taten so gegenmodern machen. Sie waren Zeichen einer anderen vormodernen Zeit, als es noch öffentliche Hinrichtungen auf Marktplätzen gab. Das war auch ihr Zweck.

Heutzutage führen diese öffentlich gemachten visuellen Sprechakte zu Empörung und Aufrufen, dass etwas dagegen getan werden muss; und natürlich führt es manchmal nur zu dem Wunsch, den Kanal zu wechseln. Aber es führt meistens nicht zum Lachen und einem Gefühl der Zufriedenheit. Und wenn es so ist, wenn wir Menschen begegnen, die gerne töten, oder sehen wollen, wie Menschen getötet werden, dann sehen wir es als Ausnahme, die erklärt werden muss. Und es sind Ausnahmen, die empören. Mir geht es um diese Empörung, die eine gesellschaftliche ist und nicht die Eigenschaft weniger moralischer Helden. Es ist gerade dieser Wandel, von Menschen – und Gesellschaften –, die keine emotionalen Probleme hatten, das Morden und die Folter öffentlich sehen zu wollen, zu Gesellschaften, die den Schmerz anderer so sehr spüren, dass sie sich sogar dafür schämen müssen, diese Bilder zu betrachten. Genau dieser Wandel wirft soziologische Fragen auf. Kritiker wie Foucault können es ironischerweise nicht wirklich sehen, weil sie sich auf Kontinuitäten konzentrieren. Sicher stimmt es, dass es immer noch Folterer auf der Welt gibt. Aber sie operieren heute versteckt, wo sie früher in Mitte der Gesellschaft waren. Sie sind die Ausnahmen, wo sie früher die Regel waren. Und dies bedeutet eine Veränderung sowohl in der Art und Weise, wie wir die Welt erfahren, als auch in der Art und Weise, wie die Welt ist. Kritiker wie Foucault und andere ignorieren diese Verfeinerung unserer Gewohnheiten als Epiphänomen. Für mich sind sie von zentraler Bedeutung. Meiner Ansicht nach ist es nicht nur die Wirkung struktureller Veränderungen, sondern auch ein Beitrag zur Beschleunigung dieser Veränderungen. Und es ist einer der Schlüssel zum Verständnis der Wechselwirkung zwischen sich verändernden sozialen Strukturen und der sich verändernden menschlichen Natur. In meiner Leseart hat diese kritische Theorie zwei Hauptmängel: Sie operiert mit einem Machtbegriff, der weder Akteure noch Verantwortliche zu haben scheint; und ein Staatsbegriff, der so dünn und schwach ist, dass er am Ende gleichbedeutend mit Gesellschaft zu sein scheint.

Ich werde versuchen zu argumentieren, dass das Konzept der Gesellschaft, das aus moralischen Gefühlen besteht, diese beiden Probleme auf die bestmögliche Weise überwindet, ihre Einsichten bewahrt und gleichzeitig ihre Widersprüche löst. Aber nicht nur Michel Foucault ist eine Quelle des Gegenarguments. Auch Hannah Arendt, eine jüdische Denkerin, die 1933 aus Deutschland über Frankreich in die USA floh und von dort die Moderne unter dem Vorzeichen des Totalitarismus beschrieb, war der Gefühlswelt der Moderne gegenüber skeptisch eingestellt. Für sie ist der Holocaust die klare Quelle ihrer Vorstellung, dass die Moderne vom Bösen heimgesucht wird, ein Argument, dass wir sehr ernst nehmen werden. Sie ist mit dieser Theorie natürlich nicht allein; es geht darum zu erklären, wie ein solcher Horror wie der Holocaust in einer modernen Gesellschaft geschehen konnte. Das definiert bis heute Sozialtheorien von Zygmunt Bauman und davor Theoretiker der Frankfurter Schule wie Adorno und Horkheimer. Wir könnten diese komplexen Theorien nicht einfach als fehlgeleitet beschreiben, indem wir sagen, dass Arendt und andere die Ausnahme zur Regel machten, so verführerisch das auch sein mag. Aber eine Ausnahme, die so viele Millionen Menschen grausam ums Leben brachte, die Europa unkenntlich veränderte, und die einen Kontinent und die Geschichte selbst in zwei Hälften teilte – das ist nicht die Art von Ausnahme, die man einfach ignorieren kann, vor allem, wenn unser Thema Mitgefühl ist. Und vor allem, wenn wir bedenken, dass Völkermord ständig wiederholt wird oder sich zu wiederholen droht. Wenn wir also diese Theorien in irgendeiner Form widerlegen wollen, bleibt uns immer noch das Problem, das sie die Barbarei in der Moderne brillant analysierten. Eine Theorie, die behauptet, dass normalisiertes Mitgefühl ein logisches Wachstum der Moderne ist, muss erklären, warum solche massiven Ausnahmen unsere Interpretation nicht tatsächlich verneinen. Wenn wir den Holocaust am Ende nicht zum Modell der Moderne machen, müssen wir ihn immer noch als ultimativen Grenzfall ernst nehmen.

Der Anglosächsische Liberalismus als Selbstbeschreibung der Gesellschaft

Das ist auch der Grund, warum ich mich theoretisch woanders umschauen möchte. Ich werde die Schriften einiger der wichtigsten Denker des anglosächsischen Liberalismus untersuchen. Das sind Beschreibungen der Gesellschaften, die bedauerlicherweise in Deutschland nicht ausreichend bekannt sind. Es sind Theorien, die den freien Markt und die moderne Demokratie auch als

Revolution der Moral gelesen haben. Diese Thesen gelten gerade für politische Theoretiker als nicht tiefgründig genug, ihre Ansätze zu erfahrungsbezogen, die Inhalte zu sehr in der Handelsgesellschaft und im Kapitalismus verbunden, um eine theoretische Grundlage der Moderne zu legen. Diese Denker, insbesondere der schottischen Aufklärung, dachten, dass die notwendige Ergänzung zu diesen neuen sozialen Strukturen des Marktes eine Revolution in der Moral sei. Der wichtigste unter ihnen war Adam Smith (1723–1790). Zu seinen Lebzeiten galt er als moralischer Philosoph. Erst Mitte bis Ende des 19. Jahrhunderts – auch durch die Kritik von Karl Marx – erlangte er seinen Ruf als bahnbrechender Wirtschaftsexperte, aber seine Theorie der moralischen Gefühle waren aus dem Bewusstsein verschwunden. Nach Smiths historischer Vision sollte der neue Universalismus eine Gesellschaft aus gleichgültigen Fremden hervorbringen – gleichgültig nicht im rhetorischen, sondern im technischen Sinne. Die Fremden in der Handelsgesellschaft sind nicht automatisch potenzielle Gegner (oder Verbündete), wie das vor der Zeit der Handelsgesellschaft der Fall war, vielmehr sind sie in authentischer Weise gleichgültig gegeneinander. Sie begegnen einander als was Smith „unparteiische Zuschauer" („impartial spectators") beschreibt. Für Smith ist das eine wahre historische Errungenschaft, durch die distanzierte Achtlosigkeit erst möglich wird. Die moralische Ordnung der Gesellschaft wird – in den Augen von Smith – durch die Existenz dieser vielen gleichgültigen Fremden nicht geschwächt, sondern im Gegenteil mit definiert. Der moderne Fremde in der bürgerlichen Gesellschaft ist jemand, der an derselben Gesellschaft teilhat wie man selber und mit dem man im wahrsten Sinne des Wortes den gleichen Raum teilt. Es ist eine faszinierende liberale Utopie. Dieser Raum wird nicht durch institutionelle Beschränkungen definiert, sondern durch die „gleichgültige" Interaktion von Menschen. Der amerikanische Anthropologe Ervin Goffman (1972, S. 385) hat diesen Gedanken von Smith in die Gegenwart gebracht und nannte das Phänomen

„civil inattention“, was man durchaus mit höflicher Achtlosigkeit übersetzen kann. Damit ist das Verhalten von Personen gemeint, die zur selben Zeit am selben Ort anwesend sind, aber nichts miteinander zu tun haben. Unter solchen Umständen ist es notwendig, den anderen einerseits wissen zu lassen, dass man seine Existenz zur Kenntnis genommen hat, andererseits aber deutlich zu machen, dass sie nicht das Ziel besonderer Interessen oder Absichten ist. In dieser Situation dient die „höfliche Unachtsamkeit“ dazu, dass Fremde sich gegenseitig versichern, dass sie keine bösen Absichten haben. Diese Menschen werden dadurch zu konsumierenden Subjekten, ja man kann sie durchaus „Einkaufsbürger“ nennen. Das ist die potenzielle moralische Grundlage einer von Fremden konstituierten Handelsgesellschaft. Dadurch wird die potenzielle moralische Grundlage einer Handelsgesellschaft in den Beziehungen der privaten, gegeneinander gleichgültigen Individuen in einem Raum, der nicht durch institutionelle Beschränkungen definiert, sondern durch die konsumierenden Subjekte selbst definiert, man könnte auch sagen: durch die „Einkaufsbürger“. Es scheint so, als ob Adam Smith und Erving Goffman das Friedensporträt Rubens durch eine Sozialtheorie der moralischen Beziehungen von Fremden erweitert hätte.[23] „Mitfühlen“ gehört zu dieser Beschreibung der Gesellschaft.

Einkaufsbürger? Ist das nicht ein Widerspruch in sich? Ist nicht der Bürger das genaue Gegenteil vom Einkäufer? Ist nicht „Gleichgültigkeit“ das genaue Gegenteil von bewusster Staatsbürgerschaft als Grundlage moralischer Gefühle, die doch irgendwie mit Engagement und nicht mit Desinteresse zu tun haben muss? Diese Gegenposition zu unserem schottischen Aufklärer wurde zuerst von Jean Jacques Rousseau in Frankreich und dann von Marx in Europa popularisiert. Rousseau und Smith duellierten sich theoretisch und stellten die Weichen, wie wir heute über moralische Gefühle nachdenken. In Rousseaus Buch über den Gesellschaftsvertrag schreibt er:

Je besser die Verfassung, desto mehr beschäftigen sich die Bürger mit den öffentlichen Angelegenheiten als mit ihren eigenen. ... In einem gutgeleiteten Staat drängt jeder in die Ratsversammlungen. Unter einer schlechten Regierung wird jeder Schritt um hinzugehen lästig, weil sich niemand für das interessiert, was dort geschieht; weil man im Vorhinein weiß, dass dort der Gemeinwille nicht mehr herrscht; und weil schließlich die häuslichen Sorgen alles überschatten. (1762/1977, S. 158)

Was Rousseau hier vor Augen hat, ist eine öffentliche Sphäre, in der es für Handels- und Konsumaktivitäten keinen Platz gibt. Die „Öffentlichkeit" ist das Reich der politischen Gemeinschaft, die auf eine teilnehmende Vorstellung von Bürgerschaft gegründet ist. Solidarität, und nicht Gleichgültigkeit, ist der Schlüssel zu dieser Vorstellung. Es geht um den Gemeinwillen als Grundlage menschlicher Kollektivität. Seit Rousseau versteht die moderne Kritik des Konsumverhaltens das Streben nach materiellem Genuss als wahrem öffentlichem Handeln entgegengesetzt. Gleichgültigkeit ist dann ein Unglück; Fremde kommen entweder überhaupt nicht vor oder werden in der Kategorie des Feindlichen untergebracht – ich werde später auch auf die Debatten zum Thema Flucht und Einwanderung auf diese Problematik hinweisen – , und eine gemeinsame Geschichte soll als Grundlage für die Schaffung gemeinsamer Werte dienen.

Entgegen der Auffassung, dass Eigeninteresse vereinsamt und Gesellschaften notwendig in Individuen spalten müssen, und das war durchaus Arendts Theorie der Moderne, bemühen sich die schottischen Aufklärer um eine andere Beschreibung der Wirklichkeit. Eigeninteresse (und auch Konsum) wird durchaus als moralisch und integrierend betrachten. Das ist gegen den Strich gedacht, aber gerade im angloamerikanischen Raum wurde Eigeninteresse (self-interest) vor allem im 18. Jahrhundert für besonders förderlich für Demokratie und Gleichheit gehalten. Auch das ist ein Kommentar zu Rubens. Ich berufe mich da auch auf die Analyse von Albert Hirschman, der in seiner Geschichte der

Leidenschaften und Interessen zeigt, dass die Vordenker des 18. Jahrhunderts das Entstehen der Handelsgesellschaft als Waffe gegen die Ruhmeslust der alten Herrscher begrüßten.[24] Nutzenorientiertes Handeln kann daher nicht nur als moralisch verwerflich angesehen werden, wie es bis dahin in der Moralphilosophie üblich war, sondern auch als ein seltener moralischer Erfolg. Im frühen Liberalismus sollte der Militarismus durch nichtheroisches Handeln wie Tausch und Austausch, Kommerz und Konsum abgelöst werden. Die schottischen Aufklärer wie Adam Smith oder auch David Hume, lehnten diejenigen Kultursysteme ab, die sich auf militärischen Ruhm und religiösen Eifer beriefen, und schlugen ein neues System einer „reiferen" Zivilisation vor, die auf Handel und Konsum basieren sollte. „Denn nur vom Nutzen wird die Welt regiert", ein verzweifelter Aufschrei bei Schiller in Wallensteins Tod, wird in der schottischen Moraltheorie positiv umgedeutet. Das Interesse dieser frühkapitalistischen Denker richtete sich also in erster Linie auf die friedvolle Wirkung von Handel und Konsum, so wie sie auch Rubens malte. Durch mehr Handel sollten die Herrscher und deren militaristische, dynastische und tyrannische Neigungen „gezähmt" werden. Nicht nur Adam Smith sondern auch David Hume identifizierten Luxus und Handel mit dem „great refinement in the gratification of the senses" (eine große Verfeinerung in der Befriedigung der Sinne)[25] In der Tat geht es um Verfeinerung. Das Gegenmodell in dieser Zeit war die mythologisch untermauerte Vorstellung von Sparta. Auch der frühliberale Denker Jeremy Bentham entwickelte Ende des 18. Jahrhunderts eine Moraltheorie, die das Böse mit dem Schmerz identifiziert. Bentham, der eher durch Foucaults Kritik an ihm als einer der Mitbegründer der disziplinierten Gesellschaften, wollte den Schmerz aus dem öffentlichen Raum entfernen.

So beginnt Bentham seine Schrift *On the Principles of Morals and Legislation* aus dem Jahre 1789, zur selben Zeit, als die Revolution in Frankreich ausbrach:

Nature has placed mankind under the governance of two sovereign masters, pain *and* pleasure. *It is for them alone to point out what we ought to do, as well as to determine what we shall do. On the one hand the standard of right and wrong, on the other the chain of causes and effects, are fastened to their throne. They govern us in all we do, in all we say, in all we think: every effort we can make to throw off our subjection, will serve but to demonstrate and confirm it. In words a man may pretend to abjure their empire: but in reality he will remain subject to it all the while. The* principle of utility *recognises this subjection, and assumes it for the foundation of that system, the object of which is to rear the fabric of felicity by the hands of reason and of law.*

Das ist eine schon klassische Formulierung der sogenannten utilitaristischen Ethik, die darauf angelegt ist, so viel Menschen wie möglich glücklich zu machen. Demokratie und Marktwirtschaft, die theoretisch einen universell zugänglichen Bereich definieren, wo Tausch und Verträge möglich werden, verbreiten zugleich, wenn auch ungewollt, moralisches Empfinden für andere. Daher kann Konsum auch mit Moral verknüpft sein. Diese neue bürgerliche Moral wird durch die Kraft der Imagination hergestellt. Moralische Gefühle für den anderen werden durch die Vorstellungskraft geschaffen, die uns sagt, wie wir uns an der Stelle eines anderen fühlen würden. Emotionale Distanz, die für den Markt bezeichnend ist, ist hier die Grundlage für diese Emotionen. Diese Distanz wird auch so von den Medien vermittelt. Es ist ein Balanceakt der „richtigen“ Distanz, die ständig zwischen dem eigenen Selbst und der Verschiedenheit des anderen vermitteln muss. Es ist ein ständiger Tanz zwischen Nähe und Distanz. So wurde es möglich, dass zum Beispiel vorher verfeindete Menschen zu „gleich-gültigen“ Mitbürgern oder auch Konsumbürgern werden. Die Konsumgesellschaft setzt eine „Gesellschaft“ und keine „Gemeinschaft“ der moralischen Individuen voraus. Entfremdung wird nicht als Gefahr wahrgenommen – im Gegenteil, die liberale Zivilgesellschaft muss entfremdet sein. Sie sucht gar nicht erst nach den geschlossenen Gemeinschaften, die für Nationalismus und exklusive nationale Identitäten typisch sind. Für das kommerzielle Interesse ist es daher auch notwendig, dass man Höflichkeit und Sensibilität entwickelt. Konsum kann daher auch als Teil der sozialen Zähmung des Körpers verstanden werden.

Gegenargumente der Liberalen Beschreibung: Händler und Helden

Es gibt gewichtige Argumente dagegen. Diese sind für uns wichtig, nicht nur weil sie eine Kritik des Liberalismus darstellen, sondern weil sie damit auch der modernen liberalen Gesellschaft kollektive Gefühle absprechen wollen. Viele Kritiker sehen dann aber nur die konstruierte Gegenüberstellung zwischen „kollektiver" heroischen Heldengemeinschaften und die Vereinsamung der bürgerlichen Handlungsgesellschaften, die keine Moral kennen. Hannah Arendt spricht in ihrer Studie zum Totalitarismus, die wenige Jahre nach dem Zweiten Weltkrieg und Holocaust veröffentlicht wurde, über die Einsamkeit und Weltlosigkeit des modernen Massenmenschen. Für sie und andere Denker lebten Menschen in der Masse voneinander isoliert, die Kluft zwischen ihnen ist unüberwindbar. Dieser Topos stammt aus der rechten und linken Romantik und fand von dort aus Eingang in soziologisches Denken. Das Heldendasein ist das Gegenteil von Verweiblichung und Verfeinerung, die oft mit Konsum identifiziert werden. Heldendasein heißt auch Heldentod, ein Tod der Sinngebend ist. Es ist ein Tod, der kein Leiden enthält, ein Tod, der uns aus den Geschichten der alten Griechen bekannt ist. Es ist auch ein Tod, der den Juden von den Nazis verweigert wurde.

Für Hannah Arendt war es immer wieder schwer, den sinnlosen Tod zu akzeptieren. Wie die jüdischen Widerstandskämpfer, die sie gerade deswegen bewunderte, konfrontierte sie das „Aufden-Knien-lebend“ mit dem aufrechten Sterben. Diese Einstellung ließ sie bis Ende ihres Lebens nicht los. Dem Tod muss ein Sinn gegeben werden. Deshalb galt sie auch als gefühlslos gegenüber den Opfern des Holocaust. Sicher ist der Holocaust eine Extremsituation, aber für Arendt und gerade auch jüdische Denker und Denkerinnen, die direkt davon betroffen waren (wie auch Max Horkheimer und Theodor Adorno) wurde diese Extremsituation zur Regel.

So schrieb Arendt schon im Juni 1942 in der in New York veröffentlichten deutschsprachigen jüdischen Zeitschrift „Der Aufbau“ folgende Worte:

Es war einmal eine glückliche Zeit, als Menschen frei wählen konnten: Lieber tot als Sklav', lieber stehend sterben, als auf den Knien leben. Und es war einmal eine verruchte Zeit, als schwachsinnig gewordene Intellektuelle erklärten, das Leben sei der Güter höchstes. Gekommen ist heute die furchtbare Zeit, in der jeden Tag bewiesen wird, daß der Tod seine Schreckensherrschaft genau dann beginnt, wenn das Leben das höchste Gut geworden ist; daß der, der es vorzieht, auf den Knien zu leben, auf den Knien stirbt; daß niemand leichter zu morden ist als ein Sklave. Wir Lebenden haben zu lernen, daß man auf den Knien noch nicht einmal leben kann, daß man nicht unsterblich wird, wenn man dem Leben nachjagt, und daß, wenn man für nichts mehr sterben will, man stirbt, obwohl man nichts getan hat.[26]

Heldendasein heißt: sich selbst verneinen für den Dienst am Kollektiv. Der Verlust der Heldendimension im Zuge der Kommerzialisierung des Lebens symbolisiert den Verlust der glorreichen und auch nationalen Vergangenheit. Arendt wurde von diesen romantischen Vorstellungen der Heldenexistenz, die scheinbar ohne Mitgefühl ist, nie losgelassen. Wenn sie 20 Jahre später über die Zeugen des Eichmannprozesses schreibt, dass sie ihr Leiden zur Schau stellen, nimmt sie diesen Faden wieder auf. „*Die Juden wollen der Welt ihre Leiden erzählen*“ schrieb sie ihrem Mann, Heinrich Blücher (Köhler 1996, S. 531). Leidenserzählungen sind in Arendts Verständnis keine Politik. Arendt glaubte wohl nicht daran, dass das Leben der Güter Höchstes sei, was natürlich die Auffassung des Liberalismus ist. Leiden war für sie keine politische Kategorie. Sie glaubte, dass der Prozess sich um Eichmann drehen sollte und nicht über das Leiden der Juden: *Es geht um seine Taten und nicht um die Leiden der Juden* (Arendt 1964, S. 72), wie sie behauptete. Sie konnte wohl damals kaum ahnen, dass es – wohl auch in der Folge des Eichmannprozesses – dann fast nur noch um das Leiden der Opfer gehen soll. Für die liberale Position, die die Gegenwart als den Beginn der Zukunft versteht, wird das Leid zum Grundpfeiler einer Politik des Mitgefühls. Das kann manchmal soweit führen, dass verschiedene Opfergruppen glauben, dass sie um die Aufmerksamkeit konkurrieren müssen.

Ein extremes Beispiel für diese Position ist ein Buch des deutschen Soziologen Werner Sombart aus dem Jahre 1915, 'Händler und Helden'. In dieser als Kriegsbuch geschriebenen Abhandlung verdammt Sombart England und dessen soziale und intellektuelle Tradition als seelen- und herzlos, als durchdrungen von wertlosem kommerziellem Geist, der nichts als Leere versprechen kann. Die Kritik an der anglosächsischen liberalen Denkweise kam von links und von rechts. Der deutsche Held und Krieger ist nach Sombart die letzte Chance, den Vormarsch des englischen Kommerz- und Konsumgeistes aufzuhalten. Auch Sombarts Abneigung gegen den Liberalismus des Marktes gründet jedoch auf einem ähnlichen Trugschluss, nämlich auf der Annahme, dass nur die Heldendimension des Lebens moralische Qualitäten habe und der Markt eine ausschließlich ökonomische Einrichtung sei. Wenn man die Marktwirtschaft nur unter ökonomischen Aspekten betrachtet, kann man natürlich nicht sehen, dass sie ihre eigene Art von Moral entwickelt, die durchaus mit Profit und Konsum auf einen Nenner zu bringen ist. Wenn Marktverhalten nur der grausame Wunsch nach Profit ist, kann der Kapitalismus nicht zu einem eigenen kompletten Welt- und Menschenbild aufgewertet werden. Das klingt natürlich ideologisch und das ist es natürlich auch. Aber wenn alle Moralvorstellungen Ideologien sein sollten, dann sollten wir auch dem Bürgertum seine moralischen Ideale zugestehen.

Sombart war natürlich nicht die einzige Stimme im Chor derjenigen, die die Handels- und Konsumgesellschaft als wert- und seelenlos verurteilten. Diese Sichtweise wird sowohl von romantischen Linken als auch von Konservativen vertreten. Was ihnen gemeinsam ist, ist die ‚bürgerliche Sentimentalität' selbst, ein Glaubenssystem, das vor allem auf der Unterscheidung zwischen dem ‚Persönlichen' und dem ‚Unpersönlichen' aufbaut. Diesem romantisch verklärten Blick erscheint beispielsweise das für Konsum unerlässliche Geld als unnatürlich. Der junge Marx, Rousseau und der in der deutschen Soziologie stellvertretend dafür stehende Ferdinand Tönnnies sind nur einige besonders klare Beispiele für diese Haltung. Dieser Blickwinkel beeinflusste auch die Theoretiker der Frankfurter Schule und ihre Auffassung über Massenkonsum und Massenkultur. Sogar innerhalb des liberalen Lagers gab es immer wieder warnende Stimmen, die behaupteten, der Markt würde seine eigenen moralischen Grundlagen zerstören. Die Moralität, die die Menschen motiviert, sich für das Gemeinwohl einzusetzen, sei ein Überbleibsel aus vorkapitalistischer Zeit sei. In dieser Sichtweise wird die Rationalität des Kapitalismus betont, der per definitionem anti-heroisch sein muss. Der Kapitalismus lässt keinen Raum für Ehre und Ruhm. Die Börse sei ein armseliger Tausch für den heiligen Kelch. Auch der französische Denker Voltaire konnte sich der moralischen Kraft der Börse nicht entziehen.

Man gehe auf die Börse in London, einen Platz, welcher ansehnlicher ist als manch ein Hofstaat, wo sich die Abgeordneten von allen Völkerschaften einfinden, um die Wohlfahrt der Menschen zu befördern. Hier treten der Jude, der Türke und der Christ miteinander in Unterhaltung, als wären sie Glaubensgenossen, und nennen nur denjenigen einen Ungläubigen, welcher bankrott ist. [27]

Voltaire wollte 1733 den Franzosen die Engländer als Beispiel geben. Er glaubte nicht an eine sentimentale Sehnsucht nach gemeinschaftlicher Solidarität. Die kapitalistische Welt kennt keine und darf ihrer Auffassung nach keine solchen Emotionen kennen. Im kapitalistischen System ist jeder isoliert und keine Moral möglich. Es ist daher auch kein Zufall, dass für Sombart der englische Soziologe Herbert Spencer (1820–1903) der Inbegriff dieses unmoralischen und heldenlosen Kommerzes ist. Spencer gilt ihm als der Vertreter des gesamten kommerziellen englischen Geisteswesens. Ironischerweise waren es in Sombarts Soziologie vorher noch die Juden, die dieses seelenlose Handelswesen darstellte, denn davor im Jahre veröffentlichte Sombart sein Buch „Die Juden und das Wirtschaftsleben", einige Jahre später übernahmen die Engländer die Rolle der Juden. Beide Prototypen stehen für die Wurzellosigkeit und das Fremde. Sie sind eben Händler und keine Helden. In diesem Buch von 1911 schreibt Sombart über zwei Essenzen, die Wüste und den Wald. Juden sind für ihn die prototypischen Wüstenbewohner und haben als solche keine Tiefe. Und die moderne Wüste ist natürlich die Großstadt, wo sich die Juden am wohlsten fühlen. In seinen eigenen Worten:

Wie denn ebenso wie die Wüste die Stadt, weil sie den Menschen von der dampfenden Scholle abdrängt und ihn loslöst von dem Zusammenleben mit den Tieren und Pflanzen – organisch-gewachsenen Gebilden -, in ihm das eigne Miterleben des Lebendigen, das allein das Verständnis für die organische Natur vermittelt, verkümmert und zerstört ... Fortwährend bedacht sein, heischt die Erfüllung seiner Lebensaufgabe vom Nomaden, fortwahrend bedacht sein, forderte das Schicksal den Juden ab. (Sombart 1911, S. 422)

Auch Hannah Arendt findet die Metapher der Wüste passend, um moderne Menschen zu beschreiben. In ihrem Schlusskapitel zu „Einführung in die Politik" aus dem Jahre 1955 finden sich folgende Gedanken:

Was wir beobachtet haben, kann auch als das Anwachsen von Weltlosigkeit, das Verdorren des Zwischen beschrieben werden. Dies ist die Ausbreitung der Wüste, und die Wüste ist die Welt, unter deren Bedingungen wir uns bewegen. (Arendt 1993, S. 181)

Für sie gab es nichts schrecklicheres, als sich dem Wüstenleben anzupassen. Das war für sie gleichbedeutend für das angepasste Leben im totalitären System. Arendt konnte sich nie mit der gesellschaftlichen Strukturen der Moderne anfreunden, aber im Gegensatz zu Intellektuellen wie Sombart beschuldigte sie nicht die Juden an diesem Prozess. Aber sie teilt mit Sombart den romantischen Zug, der da sagt, dass in der Wüste Pluralität nicht wirklich gegeben ist und dass Menschen nichts mehr gemeinsam haben als ihre Gemeinsamkeit. Als Sombart 1915 nachlegt und aus Juden Engländer werden, wird auch Spencer bei ihm zum Propheten des industriellen Utilitarismus. Sombart hatte natürlich in seiner eigenen Beschreibung der Wirklichkeit recht. Wenn er den Engländern vorwirft, sie seien Praktiker und hätten eine Neigung zu körperlichem Behagen und Komfort, trifft er den sogenannten „Händlergeist" genau. Verächtlich behauptet Sombart, dass das Ideal des Händlers, das heißt hier Spencers, der ewige Friede sei. Der Konsumbürger wird hier mit den Begriffen Volk und Nation konfrontiert. Spencer in seiner 1876 veröffentlichten Studie „Principles of Sociology" spricht denn auch von zwei zu unterscheidenden sozialen Typen: dem militärischen und dem industriellen. Für Spencer waren das Unterscheidungen struktureller Komplexität. In Friedenszeiten ist die interne Regulierung der Staaten schwach, in Zeiten des Krieges ist sie stark.[28] Individualismus und Handelsabhängigkeit mit anderen Staaten stehen Isolation und starken Kontrollen gegenüber.

Man kann das durchaus auch umdrehen. Das ist genau was Jurie Slezkine in seinem Buch „Das Jüdische Jahrhundert" tat (2004). Er bedient sich Bilder aus der griechischen Mythologie; er teilt die Welt in Merkurianer – also mobile Händler, Menschen, die heute im Dienstleistungssektor arbeiten – und Apollonianer – also Menschen, die auf ihrem Land leben und es bebauen. Für Slezkine sind die Juden die klassischen Merkurianer; und das Buch handelt von dem Drama, das sich zwischen diesen beiden Gruppen abspielte, einem Schauspiel, das die jüdische und allgemeine Geschichte bestimmt und immer noch bestimmt. Die Zionisten sind für Slezkine merkurianische Juden, die mit aller Macht versuchen, Apollonianer zu werden. Denken wir an die vorher erwähnte „Jüdin von Toledo". Slezkins Buch ist eigentlich ein historischer Kommentar zu Feuchtwanger. Slezkine behauptet, dass die Europäer den Juden nacheiferten. Auch Nichtjuden wollten modern sein. Es waren moderne und kosmopolitische Juden inmitten von nichtjüdischen Barbaren, die den Luxus und alles, was das 20. Jahrhundert an ideellen und materiellen Gütern zu bieten hatte, zu schätzen wussten. Keineswegs handelte es sich hier um herzlose und geldgierige Juden, wie sie in der Phantasie der Antisemiten auftauchten; vielmehr waren sie Vertreter eines konstruktiven Umgangs mit der Macht, deren Ziel die Koexistenz jenseits religiöser und nationaler Grenzen war. Anders formuliert: Als Merkurianer sind die Juden die wahren kosmopolitischen Europäer, und gerade deshalb ziehen sie den Hass der Barbaren auf sich. Als Gegensatz zum apollonischen Ideal der heimatlichen Scholle zeichnet Slezkine ein unheroisches Bild: Seine Protagonisten, die handelnd nach Wohlstand streben, sind nicht Bauern und Heroen, sondern städtische Bürger, Juden und Frauen, die der destruktiven Kraft der Apolloianer mit ihrem Vergnügen an materiellen Dingen entgegenzuwirken versuchen. So entsteht ein stilles und sanftes Heldentum, das in erster Linie leben und überleben will. Die Juden stehen in dieser Erzählung für eine kosmopolitische Moderne, die urban, mobil, gebildet, artikuliert, intellektuell und flexibel ist. Es geht darum, aus Bauern und Königen Händler zu machen, ohne dass man dem Verlust romantisch hinterher weint. Es geht darum, ererbte Privilegien in verdiente Privilegien zu verwandeln. Wie gesagt eine

Gesellschaft von Fremden, die ihre Entfremdung als Chance für Freiheit begreift.

Die Gegenüberstellung von Sombart und Spencer steht daher repräsentativ für die Gegenüberstellung des romantischen Militarismus mit der Zivilgesellschaft und dem Liberalismus. Natürlich sind das auch idealtypische Gegenüberstellungen. In dieser Beschreibung ist der Liberalismus nicht mehr als die prosaische Sicherheit der Erwartungen, die nur im Frieden möglich ist. Für liberale Denker wie Spencer wurde der Krieg daher zum Anachronismus vergangener Heldenzeiten. Der Kult der heroischen Gemeinschaft, der durch den Kommerz zerstört wurde, wird von Denkern wie Spencer als Fortschritt gefeiert. Spencer feierte den extremen Individualismus. Eine in der Tat unheroische Theorie, die da von britischen Theoretikern entwickelt wurde und gerade in der modernen Soziologie keinen Fuß fassten konnte. Das hat gerade für die Ausarbeitung einer soziologischen Theorie des Mitgefühls Folgen. Es ist ein blinder Fleck der Soziologie geworden. Diese Theorien spielen nämliche eine Schlüsselrolle in der Geschichte des Mitgefühls.

Mitgefühl als Praxis: Der Humanitarismus

Diese Theorien und das Mitgefühl treffen sich in der Praxis des Humanitarismus. Deshalb möchte ich mir einen Aspekt des Humanitarismus und seinem Verhältnis zum Entstehen einer liberalen Gesellschaft befassen und sich auf ihre Besonderheiten des Kapitalismus (Markt) und der Demokratie (bürgerliche Gleichheit und Bürgerschaft) konzentrieren. Ich werde versuchen, über die angebliche Inkonsistenz zwischen dem Mitgefühl liberaler Gefühle und dem Individualismus der liberalen Gesellschaft hinauszugehen und zeigen, dass Individualismus und Mitgefühl sich gegenseitig konstituieren. Und ich will natürlich nicht den völligen Zusammenbruch des Mitgefühls ignorieren. Der Versuch der Nazis, das europäische Judentum zu zerstören, wird als Grenzargument für das Argument dienen, dass die Moderne das Wachstum des Mitgefühls fördert.

Aber davor möchte ich die die theoretische Grundlage für eine soziologische Studie des Mitgefühls beschreiben. Mitgefühl beinhaltet in erster Linien eine aktive moralische Forderung, das Leiden anderer anzugehen. Es richtet sich an diejenigen, die außerhalb des Bereichs unseres Bekanntenkreises liegen, und wird dazu zu öffentlichem Mitgefühl, das moralische Verpflichtungen gegenüber Fremden in den Bereichen der Zivilgesellschaft und der liberalen Demokratie bestimmt. Ich will die historischen Prozesse klären, durch die Mitgefühl für das Leiden anderer die Definition von „sozialen Problemen" prägt, und ich will auch die Mittel untersuchen, mit denen „Spezialisten" in der Organisation moralischer Gefühle danach streben, die Leiden anderer zu lindern. Wenn man Mitgefühl soziologisch beschreibt und untersucht, dann sollte man die sozialen und historischen Bedingungen untersuchen, die diese moralischen Gefühle erst möglich machten. Dazu gehören auch die Manifestationen des Mitgefühls in organisierter Aktivität und Praxis und drückt einen moralischen Zustand als Handlung aus. Im Falle des Mitgefühls in der liberalen Gesellschaft geht es nicht nur um Taten, sondern auch um den starken Glauben an universelles Wohlwollen, Optimismus und die Vorstellung, dass Glück in diesem Leben auf der Erde erreicht werden kann, was dann auch der Beschreibung des Humanitarismus entspricht. Ein humanitärer englischer Reformer des 19. Jahrhunderts, Henry Salt, beschrieb das Gefühl bündig:

Mit Humanitarismus meine ich nicht mehr und nicht weniger als das Studium und die Praxis menschlicher Prinzipien des Mitgefühls, der Liebe, der Sanftmut und des universellen Wohlwollens (Salt 1891, S. 3).

Henry Salt (1851–1939) war – und das ist sicher kein Zufall – ein Tierschützer und Mitbegründer der 1891 ins Leben gerufene *Humanitarian League*, deren ausdrückliches Ziel war, Leiden gerade von Tieren zu verhindern.[29] Aber nicht nur das, er und seine Kollegen und Kolleginnen sprachen sich gegen Prügelstrafen in Schulen und Zuhause aus, waren gegen Tierversuche und Vivisektionen. Er gilt zurecht als einer der ersten, der Tieren Rechte zusichern wollte. Sie wollten die Gesellschaft in der Tat kultivieren. Sie glaubten daran, dass man durch Mitgefühl mit den Kreaturen zu einem besseren Menschen wird, dass es zur Selbst-Entwicklung beiträgt. Man kann diese Denker natürlich als gutmütige Spinner abtun, man kann ihnen auch versteckte Motive der Kontrolle vorwerfen, aber das würde den moralischen Impuls dieser Humanitären übersehen. Humanitarismus ist unverkennbar mit dem Aufstieg liberalen Gesellschaften verbunden. Das ist unbestritten. Wie genau wir diese Verknüpfung oder Wahlverwandtschaft erklären ist die Frage. Wenn wir behaupten, dass liberale Menschen gleichgültig sind, übersehen wir die Minima Moralia dieser Menschen. Individualismus, Gleichgültigkeit und Humanitarismus sind keine Gegensätze. Ich versuchte schon vorher zu argumentieren, dass das Gefühl der Inkonsistenz zwischen diesen beiden Bildern der liberalen Demokratie als moralischem System zum Teil auf Sentimentalismus und Nostalgie zurückzuführen ist. Unter modernen Soziologen und Zivilgesellschaftshistorikern, die dieser liberalen Vision kritisch gegenüberstehen, sind Zweifel an einer solchen modernen Moralität aufgekommen. Diese kritische Vision wird von den Theorien Nietzsches, Freuds und Marx beeinflusst, die versteckte Motive und materielle Interessen betonen, die hinter allen scheinbar „erhabenen" moralischen Idealen liegen. Man kann natürlich immer verdächtigen. Man kann natürlich in den neuen politischen und sozialen Freiheiten, die die Marktgesellschaft und die Demokratie in die moderne Gesellschaft gebracht haben, neue und verstärkte Zwänge lauern sehen. Man kann immer behaupten, dass die moderne Gesellschaft Solidarität schmälert. Altruismus und Mitgefühl sind entweder Ausdruck des „Willens zur Macht", „libidinöser Instinkte" oder „Klassenkontrolle" oder eine Mischung aus diesen. Kritiker haben „öffentliches Mitgefühl" und „soziale Kontrolle" als Mechanismen der Klassenkontrolle und Staatsmacht interpretiert. Der Schwerpunkt dieser Ansätze liegt eher auf Konflikten als auf Harmonie, auf Kontrolle von oben und nicht auf einer moralischen Gemeinschaft, die auf Selbstbeherrschung und aktiven und sich gegenseitig beeinflussenden Akteure basiert. Und sicher liegt man nie falsch, wenn man ein düsteres Weltbild hat.

Darüber hinaus haben diese Ansätze die Aufmerksamkeit auf die materiellen Interessen gelenkt, die moralischen Reformen und begleitenden Idealen wie Mitgefühl zugrunde liegen. Michel Foucault zählt in seinen früheren Werken zu den einflussreichsten dieser Autoren. In seiner Beschreibung ist die Geschichte der Reform in den letzten Jahrhunderten der Wunsch der Machthaber, die Gesellschaft zu kontrollieren und zu disziplinieren. Foucault zollt dem Humanitarismus der Aufklärung wenig Anerkennung. In humanitären Reformen sieht er den Versuch, Menschen in hochentwickelte Gefängnisse mit disziplinierenden Technologien zu bringen. Die modernen Humanwissenschaften haben die Rolle des Christentums bei der Disziplinierung des Körpers übernommen. Jüngere Studien über die Moral der modernen Gesellschaft, hier besonders die Theorien von Zygmunt Bauman, argumentieren, dass die Distanz zwischen den Menschen alle moralischen Beziehungen zwischen ihnen verhindert, ja unmöglich macht. Es gibt keine moralischen Beziehungen zwischen Fremden. Bauman schlägt stattdessen „a-soziologische" moralische Beziehungen vor. Dies sind Beziehungen, die auf einer „bedingungslosen Verantwortung für den Anderen" basieren. Vor diesem Hintergrund versuche ich, Mitgefühl als Teil des kulturellen Wertesystems der Moderne zu rekonstruieren, um zu sehen, wie es in realen Erfahrungen gesellschaftlicher Einzelakteure begründet werden kann.

Eine andere Form, die gesellschaftlichen Strukturen des Mitgefühls zu verneinen, ist die Geschichte des Humanitarismus und des öffentliche Mitgefühls, erzählt als die Geschichte von moralischen Helden, die außerhalb des Systems stehen.[30] Es gibt auch eine andere Erklärung, warum mitfühlende Moral keiner soziologischen oder historischen Analyse bedarf. Es handelt sich um etwas transzendentales, um gute Menschen, deren Güte wir nicht erklären können, eine säkularisierte Form des Heiligen. Ein gutes Beispiel dafür ist die Geschichte von Henry Dunant, der Gründer des Roten Kreuzes, der 1859 die Verwundeten einer Schlacht in Solferino sah, und einige Jahre später seine Erinnerungen darüber veröffentlichte. Wie ein Geist über das Schlachtfeld schwebend, erzählt Dunant von den Verwundeten und ihrem Leiden. Weder Franzosen, Sardinier noch Österreicher sind auf dem Schlachtfeld. Keine Sieger oder Besiegten, keine Kriegshelden, sondern Verwundete, denen geholfen werden muss. 1864 wurde dann der Grundstock für die Organisation des Roten Kreuze gelegt. Gleichzeitig wurde in Genf die Erste Genfer Konvention verabschiedet, die forderte, dass die Verwundeten einer Schlacht human behandelt werden sollten. Verwundete oder leidende Menschen wurden zu einer Kategorie für sich, eine Klassifizierung, die bis heute ihre Gültigkeit hat. Das sind in der Tat bürgerliche Gefühle und eine bürgerliche Moral, und sie wird oft als solche kritisiert. Wenn es in der Tat bürgerliche Gefühle und eine bürgerliche Moral ist, dann sollte uns interessieren, wie diese entstand. Es geht hier nicht nur um das Demaskieren der bürgerlichen Moral als bürgerliche Moral, sondern um das tiefere soziologische Verständnis, wie sie zustande kam. In dieser Form der wohl klassischen Soziologie geht es nicht darum, moralische Gefühle zu bewerten und zu beurteilen, sondern sie „einfach“ als soziale Tatsachen anzuerkennen. Und es geht darum, deren Bedeutung zu hinterfragen. Das will ich hier versuchen zu tun.

Markt und Demokratie als Motoren des Mitgefühls

Ich will zwei weit gefasste Interpretationen des Aufkommens und Aufstiegs des öffentlichen Mitgefühls entwickeln. Die Demokratisierungsperspektive legt nahe, dass mit der Verkleinerung zutiefst kategorischer und gesellschaftlicher Unterscheidungen in Standesgesellschaften das Mitgefühl größer wird. Eine zweite Perspektive ist mit dem Entstehen der Marktgesellschaft verbunden. In dieser Perspektive kann der Markt auch so verstanden werden, dass er den öffentlichen Umfang des Mitgefühls erweitern kann. Durch die Definition eines universellen Feldes anderer, mit denen Verträge und Austausch abgeschlossen werden können, erweitern die Marktperspektiven auch den Bereich moralischer Belange, wenn auch unbeabsichtigt. In beiden Perspektiven, mit dem Beginn der Zivilgesellschaft, veränderten sich die Natur und das Gefühl des Mitgefühls. Als „natürliches" moralisches Gefühl beinhaltet öffentliches Mitgefühl eine Revolution der Sensibilität. Diese Verschiebung der Sensibilität bedeutete auch ein neues Verhältnis zu Schmerzen. Schmerzen galten als Teil des Lebens in einer vormodernen Vergangenheit und viele der humanitären Bemühungen betrafen vor allem die Abschaffung des Schmerzes. Öffentliches Mitgefühl war zunächst der Kampf gegen die Grausamkeit, verstanden als die ungerechtfertigte Zufügung von Schmerzes. Der moderne Humanitarismus protestiert gegen dieses Leid und diesen Schmerz. In ihrer philanthropischen Version versuchte sie, solidarische Beziehungen des Mitgefühls zwischen gesellschaftlichen Gruppen und Klassen herzustellen. Deshalb will ich öffentliches Mitgefühl von früheren Formationen des Mitgefühls wie religiöse Nächstenliebe, aber auch von späteren Modellen wie dem bürokratischen Wohlfahrtsstaat unterscheiden.

Wenn humanitäres Mitgefühl so organisiert wird, dass es auf legislative Maßnahmen zur Heilung oder Vorbeugung von Leiden abzielt, entweder als halbstaatliche Institutionen oder als politische Parteien, sprechen wir von öffentlichem Mitgefühl. Moderne humanitäre Bewegungen entstanden im 18. und 19. Jahrhundert. In dieser Zeit wurden Bewegungen zur Abschaffung der Sklaverei und der Grausamkeit gegenüber Gefangenen, Tieren und Kindern sowie zur Reform von Fabriken und Gefängnissen organisiert, die bis heute andauern. Humanitäre Bewegungen beschrieben frühere Werte und Praktiken als moralisch verwerflich. In der Rhetorik der humanitären Reform wurden diese älteren Praktiken oft als grausam definiert. Grausamkeit wurde als das Zufügen des Leidens ohne die alten Rechtfertigungen dafür verstanden, und Mitgefühl in organisierter Form eine öffentliche Antwort auf dieses Übel. Der Begriff der Rechtfertigung ist sehr wichtig in diese Beziehung. Seit wann und warum mussten bisher als normal erscheinende Praktiken als grausam bezeichnet werden? Zum Beispiel wurden öffentliche Hinrichtungen, Folter und Sklaverei moralisch als grausam klassifiziert. Warum traten dann in diesen Zeiten humanitäre Bewegungen in den meisten Ländern des Westens auf? Da diese humanitären Bewegungen in einer Zeit entstanden sind, in der der Markt frühere Formen der wirtschaftlichen Organisation verdrängt hat, müssen wir den Zusammenhang zwischen humanitären Sensibilitäten und dem Entstehen der Marktgesellschaft untersuchen. Könnte es sein, dass es einen Zusammenhang zwischen Marktgesellschaft und Kapitalismus und dem Aufstieg humanitärer Sensibilitäten gibt? Wenn das Marktverhalten nur aus dem unerbittlichen Streben nach Profit besteht, ist eine kapitalistische „moralische Kosmologie" natürlich unmöglich. Hören wir Karl Marx zu, der im Manifest der Kommunistischen Partei 1848 den Ton angab, der nicht nur für Kommunisten auschlaggebend wurde, über die Gefühlswelt des Kapitalismus nachzudenken:

Die Bourgeoisie, wo sie zur Herrschaft gekommen, hat alle feudalen, patriarchalischen, idyllischen Verhältnisse zerstört. Sie hat die buntsche-

ckigen Feudalbande, die den Menschen an seinen natürlichen Vorgesetzten knüpften, unbarmherzig zerrissen und kein anderes Band zwischen Mensch und Mensch übriggelassen als das nackte Interesse, als die gefühllose „bare Zahlung". Sie hat die heiligen Schauer der frommen Schwärmerei, der ritterlichen Begeisterung, der spießbürgerlichen Wehmut in dem eiskalten Wasser egoistischer Berechnung ertränkt. Sie hat die persönliche Würde in den Tauschwert aufgelöst und an die Stelle der zahllosen verbrieften und wohlerworbenen Freiheiten die eine gewissenlose Handelsfreiheit gesetzt. Sie hat, mit einem Wort, an die Stelle der mit religiösen und politischen Illusionen verhüllten Ausbeutung die offene, unverschämte, direkte, dürre Ausbeutung gesetzt.[31]

Eine andere Wirklichkeitsbeschreibung als die oben erwähnte von Feuchtwanger. Diese Aussage drückt Sensibilitäten aus, die sowohl konservative als auch romantische Versionen des Niedergangs der Gemeinschaft und der Dominanz des berechnenden Eigeninteresses als entscheidend für den Verlust von Mitgefühl und Mitgefühl sind. Nur Rationalität und Kalkül macht die Markgesellschaft in dieser Beschreibung aus. Diese Marx'sche Denkweise über den Kapitalismus wurde in der Frankfurter Schule noch verfeinert. Adorno und Horkheimer behaupten auch, dass das Wesen des Mitgefühls nichts anderes ist als die narzisstischen Wünsche einer ausbeuterischen Bourgeoisie, sich wohl zu fühlen (Horkheimer und Adorno 1944, S. 93). Diese Ideen lassen keinen Raum für die Möglichkeiten, dass die moderne Gesellschaft ein Gefühl moralischer Verantwortung entwickeln kann. Es bleibt nur die bloße Profitgier.

Beim Marktverhalten geht es jedoch nicht nur um Gewinnmitmachen. Zivilisiert die Marktgesellschaft das Verhalten, wie unter anderem Elias (1976) und Hirschman (1987) argumentiert haben? Gibt es eine Form des Mitgefühls, die für die Marktgesellschaft charakteristisch ist, eine Bindung zwischen Mitgliedern der Zivilgesellschaft, die dadurch gekennzeichnet ist, dass sie das Leiden anderer für nicht mehr tragbar hält? Sind der Markt und seine

Verhaltensweisen und Empfindungen notwendigerweise schädlich für das Entstehen des öffentlichen Mitgefühls? Die offensichtliche Antwort ist ja. Aber stimmt sie? Im Gegensatz zu den Klischees von Gesellschaftsperspektiven, wie sie von einer linken und rechten Gesellschaftskritik beschrieben werden, kann die Marktgesellschaft das Ausmaß des öffentlichen Mitgefühls erweitern. Durch die Definition eines universellen Feldes von Fremden, mit denen Verträge und Austausche abgeschlossen werden können, erweitern die Marktperspektiven auch den Bereich der moralischen Besorgnis, wenn auch unbeabsichtigt. Das ist das entscheidende hier. Es passiert unbeabsichtigt. Um zu zeigen, dass öffentliches Mitgefühl und humanitäre Empfindungen tatsächlich Teil des moralischen Universums der Marktgesellschaft und des Kapitalismus sind, muss ich natürlich zeigen, dass sich diese historisch spezifischen Formen des Mitgefühls von früheren unterscheiden. Hannah Arendt bemerkte oft, dass die Geschichte uns lehrt, dass es keineswegs eine Selbstverständlichkeit ist, dass der Anblick des Elends die Menschen zum Mitleid bewegt; selbst während der langen Jahrhunderte, als die christliche Religion der Barmherzigkeit moralische Maßstäbe der westlichen Zivilisation bestimmte, operierte Mitgefühl außerhalb des politischen Bereichs und häufig außerhalb der etablierten Hierarchie der Kirche. Die mittelalterliche Forderung, anderen zu helfen, beruhte auf dem christlichen Prinzip der Agape. Eine klassische Aussage christlicher Agape ist das dreizehnte Kapitel des ersten Briefes des Paulus an die Korinther (wo Agape mit „Liebe“ übersetzt wird). Nicht umsonst wird es auch das Hohelied der Liebe genannt.

4 Die Liebe ist langmütig, die Liebe ist gütig. Sie ereifert sich nicht, sie
prahlt nicht, sie bläht sich nicht auf. 5 Sie handelt nicht ungehörig, sucht
nicht ihren Vorteil, lässt sich nicht zum Zorn reizen, trägt das Böse nicht
nach. 6 Sie freut sich nicht über das Unrecht, sondern freut sich an der
Wahrheit. 7 Sie erträgt alles, glaubt alles, hofft alles, hält allem stand.
8 Die Liebe hört niemals auf. (1 Korinther 13, Einheitsübersetzung).

Agape ist spontan, bedingungslos und unmotiviert und gleichgültig gegenüber dem Wert des Geliebten. Die Gemeinschaft mit Gott wird von der Liebe bestimmt, nicht vom Gesetz.[32] Gottes Haltung gegenüber der Menschheit ist nicht durch *Justitia Distributiva* gekennzeichnet, sondern durch Agape, nicht durch Verteilungsgerechtigkeit, sondern durch freies Geben und Vergeben von Liebe. Selbst die Forderung, „den Nächsten wie dich selbst zu lieben" (Levitikus 19,18), ist nicht vergleichbar mit öffentlichem Mitgefühl oder der säkularen Vision von „Liebe zur Menschheit". Die Nächstenliebe des Christen ist eine Manifestation der Agape Gottes, in der sowohl der Gläubige als auch der Nachbar Anlässe seines Ausdrucks sind. Die christliche Lehre verlangte Nächstenliebe in Form der Ernährung der Hungrigen, der Linderung des Schmerzes und der freundlichen Behandlung von Fremden. Agape war kein politisches Prinzip. Das war die Botschaft des barmherzigen Samariters. Obwohl es unzählige Versuche gab, das Leiden zu lindern, spielte die Vorstellung, dass Leiden an sich falsch war, keine Rolle in der Vorstellung des Christentums von transzendentaler und universeller Liebe. Während die Sprache vieler Reformer religiös bleibt, wird sie durch Säkularisierung transformiert. Zusammen mit der Selbstliebe entsteht ein weltliches Konzept des Glücks. Solange die Selbstliebe als Abkehr von Gott und als Sünde betrachtet wurde, konnte die menschliche Forderung nach Glück nur in einem theologischen Kontext, als selbstlose Gottesliebe oder als Erlösung verwirklicht werden. Eine moralisch gerechtfertigte Selbstliebe sucht ihre Verwirklichung in einem „natürlichen" Streben nach Glück, emanzipiert von theologischen Forderungen und drückt sich als „moralisches Gefühl" aus. Darüber hinaus wurde die Regulierung des gesellschaftlichen und politischen Lebens, die *civitas terrena*, als das Ergebnis grundlegender Schuld und Sünde angesehen, die durch den Sündenfall verursacht wurde. Die Liebe als Attribut Gottes war Teil der *civitas dei*. Diese beiden Welten wurden treffend von den beiden idealen Helden der mittelalterlichen christlichen Welt symbolisiert, dem Ritter und dem Heiligen (siehe nochmals den oben erwähnten Roman von Feuchtwanger). Die mittelalterliche Nächstenliebe drückt daher keine universelle Sympathie und das Streben nach menschlichem Glück aus. Sie unterscheidet sich von der modernen Humanität und vom modernen Humanitarismus, die auf öffentlichem Mitgefühl beruht. Sie linderte das Leiden, stellte sich aber nicht die Möglichkeit vor, es zu beenden. Angesichts des Falls und der sündigen Natur der Menschheit setzte sie die Unvermeidlichkeit und die Gerechtigkeit des Leidens in dieser Welt voraus. Die Liebe zur Menschheit als Prinzip der Aufklärung, also die Basis für öffentliches Mitgefühl ist anders konstruiert als die „nachbarschaftliche Liebe". Das Motiv für „nachbarschaftliche Liebe" und Nächstenliebe war Gottes Gebot. Allerdings ist der moderne Humanitarismus auf die materielle und ethische Existenz der Menschheit ausgerichtet. Öffentliches Mitgefühl hat eine theoretische Quelle und einen Ursprung nicht in göttlichem Willen und Agape, sondern in einer abstrakten und rationalen Vorstellung von Menschlichkeit.

Das Gemeinwohl ersetzt die Erlösung. Dieses Gefühl der geteilten Menschlichkeit impliziert Gleichheit des moralischen Anspruchs. Öffentliches Mitgefühl verlangt die Durchführung wohlwollender Handlungen, sie verlangt Vorstellung im wahrsten Sinne des Wortes, um zu erkennen, wie sich andere in einer solchen Situation fühlen. In der Geschichte der Ideen über moralisches Verhalten spielte Mitgefühl in vormodernen Zeiten keine große Rolle. Die klassischen moralischen Traditionen ordneten Mitgefühl an Überlegungen der Vernunft, während die religiöse Tradition sehr deutlich zwischen der Güte des Menschen und der Güte Gottes unterschied. Weder in der Antike noch im Mittelalter war der „fühlende Mensch" ein populärer Typus. Es ist bestimmt kein Zufall, dass es gerade britische Theoretiker der sogenannten Zivilgesellschaft (civil society) wie Shaftesbury, Butler, Hutchenson, Hume und Smith waren, die Theorien des moralischen Sinnes (moral sense) entwickelten. Bei diesen Theorien geht es um Sympathie und Mitgefühl.[33] Sympathie wird hier als eine Form des Mitgefühls verstanden. Mitgefühl kennt zwar wenige Grenzen, aber Sympathie ist an das angemessene Verhalten anderer geknüpft. Sie betrachteten „natürliches Mitgefühl" als sowohl beschreibend als auch normativ für die menschliche Natur. Die Menschen haben Mitgefühle und sollten sie auch für andere haben. Als automatischer Mechanismus für das Gemeinwohl wird Sympathie daher als Wesen der Zivilgesellschaft angesehen. Adam Smiths *Theorie der Ethischen Gefühle* (*The Theory of Moral Sentiments*) beginnt damit, dass sie die Quelle der Sorge für andere in der menschlichen Natur einschreibt. So beginnt der Text aus dem Jahre 1759:

> *Man mag den Menschen für noch so egoistisch halten, es liegen doch gewisse Prinzipien in seiner Natur, die ihn dazu bestimmen, am Schicksal anderen Anteil zu nehmen und ihn selbst die Glückseligkeit dieser anderen zum Bedürfnis machen, obwohl er keinen anderen Vorteil daraus zieht, als das Vergnügen Zeuge davon zu sein. Ein Prinzip dieser Art ist das Erbarmen oder das Mitleid, das Gefühl das wir für das Elend anderer empfinden, sobald wir dieses entweder selbst sehen oder sobald es uns so lebhaft geschildert wird, dass wir es nachfühlen können. (Smith 1759/2010, S. 5)*

Smith schreibt von „Pity und Compassion", was hier als Erbarmen und Mitleid übersetzt wird. Wir gehen eher von „Mitgefühl" aus, dass bei Smith auch „Sympathy" heißt. Dieser „natürliche" Ansatz, Mitgefühl zu verstehen, drückt David Hume in der Beobachtung in einem Text aus, der 1751 veröffentlicht wurde (*An Enquiry into the Principles of Morals*):

> *Es ist unnötig, unsere Forschungen so weit zu treiben, dass wir fragen, warum wir Menschlichkeit oder ein Mitgefühl mit anderen haben. Es genügt, dass dies als ein Prinzip in der menschlichen Natur erfahrbar ist. (Hume 1751, S. 43)*

In dieser Konzeption ist Phantasie der Schlüssel zum Mitgefühl. Die Menschen sind grausam, weil sie imstande sind, sich in andere Menschen hineinzuversetzen. Man muss sich vorstellen, wie man sich an der Stelle eines anderen fühlen würde. Für Smith ist es wichtig zu verstehen, dass wie nie wirklich wissen können, wie andere Menschen fühlen, wir können aber wissen, wie wir uns selbst in einer ähnlichen Situation fühlen werden. Es geht nur über unser Vorstellungsvermögen, wie wir fühlen. Und es geht um Distanz. Gefühle sind wie Schwingungen, die übertragen werden können und von anderen Mitmenschen aufgefangen werden. Aber das andere Individuum braucht die Rezeptoren, um diese Schwingungen aufzufangen. Das ist wie bei einer Transaktion. Es geht um Angebot und Nachfrage. Wenn das Angebot der sympathetischen Schwingungen außerhalb der Vorstellung des anderen Menschen steht, können diese Schwingungen nicht übertragen werden und es entsteht kein Mitgefühl. Deshalb ist die Bildersprache so wichtig. Hier liegt die Quelle der liberalen Theorie des Mitgefühls. Sie basiert auf gegenseitigen Individualismus mit gleichzeitiger Erkennbarkeit. Leid und Mitgefühl werden dadurch zu Waren, die auf dem Markt der universellen Menschheit gehandelt werden. Um „natürliches“ Mitgefühl zu erfahren, müssen wir uns auf unsere eigenen Sinne und Vorstellungen verlassen. Mitgefühl in diesem ethischen System nimmt Individualismus und die eigene Leidens- und Lebenserfahrung als Ausgangspunkte. Eine kapitalistische Gesellschaft kann und muss auch imstande sein, persönliche und formelle Beziehungen sehr scharf zu trennen. Das informelle oder persönliche wird durch diese Trennung historisch erst möglich gemacht. Auf den ersten Blick mag es widersprüchlich klingen, aber emotionale Isolierung und Distanz, die für den Individualismus unerlässlich sind, sind konstitutiv für das Mitgefühl, und das im großen Unterschied zu Agape und Caritas in der christlichen Beschreibung der Welt. Emotionale Isolierung und Distanz, die in der Marktgesellschaft vorherrschen, ermöglichen es den Mitgliedern der Zivilgesellschaft, Bindung einzugehen, die Begegnungen mit dem Leiden anderer prägt. Insbesondere Smith betonte die Kohärenz zwischen der Sorge um das Selbst und der Distanz zu anderen einerseits und der Entstehung moralischen Verhaltens andererseits. Die Sympathie wächst aus diesen getrennten Erfahrungen des Einzelnen und steht daher im Einklang mit der Marktgesellschaft. Smith betont die Selbstliebe der Menschheit in dem, was er Handelsgesellschaft nennt. Menschen, die sich bisher gleichgültig gegenüberstanden, können jetzt in vertragliche Beziehungen treten. Diese Art struktureller Distanz zwischen Individuen ermöglicht es für sie, in einem gemeinsamen öffentlichen Raum zusammenzukommen. Sicher ist diese Art von Mitgefühl nicht heroisch. Ganz im Gegenteil. Sie steht im direkten Gegensatz zur absoluten Güte der Heiligen. Selbstliebe und Mitgefühl sind daher untrennbar miteinander verbunden. Das Problem, das diese liberale Denker zu lösen versuchten, war die Beziehung zwischen eigennützigen Individuen und wohlwollenden oder anderes moralisches Verhalten. Diese Spannung wird besonders deutlich in Smiths beiden Hauptwerken, *The Theory of Moral Sentiments* (1759) und *The Wealth of Nations* (1776). Dass derselbe Autor über politische Ökonomie und moralische Gefühle, über Eigeninteresse und Sympathie schrieb, erschien vielen als Widerspruch, hatte sogar seinen eigenen Namen, das sogenannte „Adam-Smith-Problem“. Das offensichtliche Problem liegt in der Annahme, dass Mitgefühl und Wohlwollen mit Marktstrukturen, die auf individuellem Eigeninteresse beruhen, unvereinbar sind. Für Smith waren Wirtschaftstheorien und Moraltheorien Teil eines untrennbaren Ganzen.

Die Abhängigkeit des Mitgefühls von der Vorstellungskraft und dem individuellen Selbst ist jedoch entscheidend für die Entstehung moralischer Gefühle. Hier brach Smith mit der vorherrschenden Tradition in der Moralphilosophie, die Gemeinschaft und nicht Distanz als Schlüssel zum Mitgefühl betrachtete. Smiths Sorge galt dem zwischenmenschlichen Verhalten der

Zivilgesellschaft. Mitgefühl entstand also in der gegenseitigen Unzugänglichkeit des Einzelnen. Eine der Folgen dieser Sicht des Mitgefühls als „wohlwollende Sympathie" in der Reformpolitik des 19. Jahrhunderts war, dass sie von dem „guten" oder „angemessenen" Verhalten derjenigen abhängig wurde, die Sympathie „verdienen". Im Gegensatz zur Agape, die bedingungslos und gleichgültig gegenüber dem Wert des Geliebten ist, ist Mitgefühl als „wohlwollende Sympathie" im liberalen Umfeld stark davon abhängig, dass es im wahrsten Sinnen des Wortes verdient wird. In der neuen Marktgesellschaft wird das Leiden in den Köpfen der Zuschauer fantasievoll nachgestellt. Natürlich ist es soziologisch interessant, dass diese Theorien der liberalen Gefühle schon im 18. Jahrhundert entwickelt wurden, die Kritik daran aber die hegemonische intellektuelle Strömung des 19. Jahrhunderts wurde, und sie bis heute diese Gedanken der anglosächsischen Aufklärung überdeckt. Die Trennung zwischen privatem und öffentlichem Raum ist auch durch das Entstehen eines neuen religiösen Gewissens und die Erkenntnis gekennzeichnet, dass es unmöglich ist, Moral durch das offizielle Glaubensbekenntnis des Staates oder der offiziellen Kirche aufzuzwingen. Um also Mitgefühl zu erfahren, ohne den Individualismus zu überwinden, uns die Leiden anderer durch einen Mechanismus vorzustellen, der uns darüber informiert, wie wir an der Stelle des anderen leiden würden, erleben wir Mitgefühl am besten mit Menschen, die uns am ähnlichsten sind. Das heißt dann auch gleichzeitig, dass wir unsere Gefühle kommunizieren müssen, sie ständig anpassen, so dass sie von anderen verstanden wird. Wir erwähnten oben die Schwingungen, die von einer Person auf die andere wie in einem physikalischen Raum übertragen werden.

Ein konkretes Beispiel für diese Erscheinung ist der Fall der Folter. Die Folter wurde während des 19. Jahrhunderts aus dem öffentlichen Raum entfernt, denn der zugefügte Schmerz kann sich nun „vorgestellt" werden. Damit wurde auch die Anwendbarkeit des Folterbegriffs auf andere Bereiche menschlicher Brutalität ausgeweitet. Begriffe wie „Tierquälerei“ oder „Folter von Frauen und Kindern“ wurden Teil des üblichen moralischen Vokabulars der Reform des 19. Jahrhunderts. Folter wurde als unmenschliche Praktik identifiziert. Daher ergibt es natürlich Sinn, dass die ersten Reformen des 19. Jahrhunderts gegen Praktiken, die als „normal“ galten, nun als „grausam“ eingestuft wurden. Dazu gehören die Reformbewegungen gegen Grausamkeit gegen Kinder, aber auch Tiere. Es gab – und nicht wirklich plötzlich – keine rationale oder gefühlsmäßige Rechtfertigung mehr, anderen Leid zuzufügen. Es ist daher nicht verwunderlich, dass gerade „unschuldige“ Tiere und Kinder zu den ersten Zielen des Mitgefühls wurden. Es wurde auch angenommen, dass es ihnen an Autonomie fehlte und deswegen gehören sie daher zu den klassischen Gruppen, denen geholfen werden muss. Das ist auch der Unterschied zu Gefängnisinsassen und armen erwachsenen Menschen. Bei ihnen ist das Mitgefühl mit moralischer Empörung vermischt, während Kinder und Tiere ausschließlich Subjekte des Mitgefühls werden können. Die Reformbewegungen, Leiden von Menschen im Allgemeinen zu lindern, führten erst über den Weg der Tiere und der Kinder. Wenn wir Tiere außerhalb der Mitgefühlspflicht stellen, dann wird es auch schwierig, Menschen, die in tierähnlichen Zuständen leben, zu helfen. Dazu gehören auch der Wille und das Vermögen sich vorstellen zu wollen, dass Tiere leiden. Das ist heute selbstverständlich, sonst gäbe es den Begriff der Tierquälerei nicht, historisch ist aber neu. Es war eine radikale Wende in den liberalen Gesellschaften des 18. und 19. Jahrhunderts, dass diese Tierquälerei moralisch verwerflich ist, da die Schmerzen der Tiere vermenschlicht wurden. Eines der wichtigsten Pamphlete in diese Hinsicht war die Veröffentlichung *A Dissertation on the Duty of Mercy and Sin of Cruelty to Brute Animals* von Reverend Humphrey Primatt, das 1776 in England erschien. Der Name des Pamphlets beinhaltet dessen These:

Superiority of rank or station exempts no creature from the sensibility of pain, nor does inferiority render the feelings thereof the less exquisite. Pain is pain, whether it be inflicted on man or on beast; and the creature that suffers it, whether man or beast being sensible of the misery of it while it lasts, suffers Evil.[34]

Dieses Zitat steht exemplarisch für diese radikale Veränderung. Tiere fühlen Schmerzen und es ist unangebracht, die Vormachtstellung des Menschen als Ausrede für dieses Schmerzempfinden zu benutzten. Das ist nur ein Beispiel unter vielen Traktaten, die in England zu dieser Zeit erschienen. All diese Traktate hatten eine ähnliche Botschaft: Tiere haben Gefühle, die moralischen Respekt einfordern. Nicht nur weil sie auch Geschöpfe Gottes sind, sondern weil sie zur menschlichen Umwelt gehören und Menschen ähneln. Dazu gehört natürlich, dass sowohl Tiere als auch Kinder im zunehmenden Industrialisierungsprozess wirtschaftlich nutzloser wurden und damit gleichzeitig auch ihr Gefühlswert stieg. Sowohl Tiere als auch Kinder wurden aus dem öffentlichen Leben entfernt und mit der Entfernung aus dem öffentlichen Leben kam auch das Verständnis für Rechte, die sowohl Tieren, als auch Kindern zugestanden wurden. Sowohl Tiere als auch Kinder können nicht für sich selbst sprechen und brauchen mitfühlende Vertreter, die das für sie tun. Tiere und Kinder sind völlig abhängig von anderen und es ist daher leichter an das „noble" Sentiment mitfühlender Menschen zu appellieren. Auch das ist historisch eine neue Erscheinung, die auch mit gleichzeitiger Sentimentalisieren von Tieren und Kindern auftauchte. Dazu gehören auch sogenannte „Haustiere", die aus emotionalen Gründen Teil des Haushalts wurden und oft menschliche Namen bekamen. Abschaffung der Sklaverei (der 1852 veröffentlichte Roman von Herriet Becher Stowe „Onkel Toms Hütte" handelt davon, dass Schwarze Sklaven Schmerz empfinden), Mitgefühl für Tiere und Kinder, all diese bürgerlichen Neuerscheinungen wurden gemeinsam gedacht. Tierquälerei wurde als unzivilisiertes Übel betrachtet und Mitgefühl für Tiere war ein wichtiger Schritte zu einem unpersönlichen und abstrakten Mitgefühl, das auf andere Menschen ausgeweitert werden konnte.

So kam es Mitte des 19. Jahrhunderts in Europa und den USA zu organisierten Bewegungen gegen Tierquälerei. Der „Verein gegen Tierquälerei", der 1841 in Berlin gegründet wurde, ist ein Beispiel unter vielen. Passanten beobachten, wie ein Kutscher auf ein Pferd eindrosch. Andere Passanten sahen, wie Hunde Schwerstarbeit leisteten, in der Tat ein „Hundeleben" lebten. Und auch gerade in England kämpfte der organisierte Tierschutz gegen die aristokratische Sitte der organisierten Jagd. Aber nicht nur die Aristokratie wurde ins Visier genommen, sondern auch die Arbeiterklasse und ihre vom bürgerlichen Standpunkt aus brutale Behandlung von Tieren (z. B. Kampagnen gegen Hahnen- und Hundekämpfe, die bis heute andauern). So wie Menschen unter Schmerzen leiden können, so konnten diese Schmerzen auf Tiere übertragen werden. Auch wurde die Sprache des Respekts und der Würde auf Tiere übertragen. Omnibuspferde wurden als Märtyrer des industriellen Zeitalters beschrieben. Tiere waren nicht nur ausschließlicher Besitz ihrer Halter, sondern waren Allgemeingut, das beschützt werden sollte. So wurden auch Kinder nicht mehr als ausschließlicher Besitz ihrer Eltern gesehen und die Ähnlichkeiten der gleichzeitigen Kampagnen gegen die Sklaverei in den USA sind da nicht zufällig. Schwarzen Sklaven wurden ähnlich wie Tiere und Kinder beschrieben.

Es ging den bürgerlichen mitfühlenden Menschen auch darum, den öffentlichen Raum zu zivilisieren und bürgerliche Standards des öffentlichen Lebens auch auf die unteren Klassen zu übertragen. Ein segregiertes Leben war in den modernen Großstädten nicht mehr möglich und Fremde mussten denselben Raum teilen. Das ging nur über die Zivilisation des Raumes. Man wollte auch Kinder aus diesem Raum entfernen und sie sollten anstatt zur Arbeit zur Schule gehen. Aber die Kampagnen zogen weitere Kreise. Je erfolgreicher die Kampagnen gegen Grausamkeit gegenüber Tieren und Kindern wurde, breitete sich unter bürgerlichen Reformern die Auffassung aus, dass auch das Zuhause selbst zum Objekt des öffentlichen Mitgefühls werden konnte. Damit wurden auch die bürgerlichen Beziehungen zwischen Männern und Frauen im eigenen Heim neu definiert. Kampagnen, die Gewalt gegen Frauen als nicht mehr legitim beschrieb, wurden gegen Ende des 19. Jahrhunderts immer stärker. Diese Kampagnen liefen auch gemeinsame mit sogenannten Abstinenzbewegungen, die den Alkoholgenuss der Arbeiterklasse einschränken sollte. Auch wurde die Ehe der bürgerlichen Klasse als eine Gefühlsgemeinschaft definiert. Gewalt gegen Frauen hat in einer solchen Gemeinschaft keinen Platz. Ein grundlegender Text zu dieser Erscheinung ist der von John Stuart Mill, einer der ikonischen Denker des anglosächsischen Liberalismus des 19. Jahrhunderts. Er veröffentlichte 1869 einen Grundlagentext, der all die liberalen und bürgerlichen Argumente bündelte: *The Subjection of Women* (Die Unterwerfung der Frauen), den er gemeinsam mit seiner Partnerin Harriot Taylor Mill verfasste. Gleich zu Beginn zogen sie den Vergleich zur Sklaverei. Ihr Argument war einfach. Die Unterwerfung von Frauen ist falsch und schadet allen. Frauen sind gleich und sollten daher gleich behandelt werden und das gilt auch in der Ehebeziehung. Das Buch zog die Kreise weiter als nur das zu diskutierende Wahlrecht der Frauen. Es ging ihnen um Demokratie und die Ausweitung des gegenseitigen „Mit-Fühlens“. Und sie sprechen über die Freundschaft zwischen Männern und Frauen, wo Gewalt natürlich keinen Platz hat. Es ging vor allem um gegenseitige Annäherung des Geschmacks und Gemüts. In der Tat ein bürgerliches Manifest. Und nach der Veröffentlichung des Buches wurde häusliche Gewalt als Gegenprinzip zu gegenseitiger Freundschaft beschrieben. Wenn man sich den Klassenhintergrund der Reformer und Reformerinnen anschaut, und wenn man gleichzeitig den Klassenhintergrund der Reformieren sieht, ist es natürlich am soziologisch einfachsten, diese Kampagnen als Form der Kontrolle einer Klasse über eine andere Klasse zu beschreiben. Die bürgerlichen Klassen hatten aus dieser Sicht Angst, dass ihre bürgerliche Ordnung nicht stabil bleiben könnte. Das ist sicher nicht falsch, es so zu beschreiben, aber es ist unzureichend. Und man kann sie natürlich auch von einem liberalen Standpunkt aus kritisieren, da diese Reformbewegungen die Privatsphäre der Menschen verletzte und das Zuhause zum Objekt öffentlichen Mitgefühls verwandelte. Wie genau nun der Zusammenhang zwischen Mitgefühl und Kontrolle gesehen wird, bleibt eine wesentliche Frage. Allein die Tatsache, dass diese beiden Begriffe dichotomisch gedacht werden, zeigt eigentlich, dass das bürgerliche Mitgefühl noch in Begrifflichkeiten der Vormoderne verstanden wird. Wenn man aber die historischen Bedingungen miteinbezieht, dann müssen Mitgefühl und Kontrolle, genau wie Gefühl und Vernunft oder Weiblichkeit oder Männlichkeit, nicht dichotomisch gedacht werden. Gerade die letzte Dichotomie wurde von vielen Reformerinnen selbst so beschrieben und zwar als der Gegensatz zwischen der kalten und männlichen Welt des Kapitalismus und der weichen sentimentalen Welt der häuslichen Weiblichkeit. Aber diese Welten sind natürlich durchlässig und nicht dichotom. Auch versperrt diese Sichtweise, dass das Mitgefühl nicht außerhalb der kapitalistischen Ordnung steht, sondern ein ihr integraler Teil ist. Der Markt ist eben universal und wir können alle Teile der Zirkulation der Gefühle werden. Es ging auch in der Tat darum, wie Stabilität und moralische Gefühle in einer aus Fremden bestehende Massengesellschaft existieren kann. All diese Kampagnen der letzten Jahrhunderte haben bis heute noch Resonanz.

Mitgefühl spielte eine prägende Rolle bei der Etablierung des westlichen Humanitarismus, sowohl empirisch als auch normativ. Wir sind mitfühlend, und wenn wir es nicht sind, sollten wir es sein. Öffentliches Mitgefühl ist nicht nur eine individuelle Manifestation menschlichen Verhaltens und der Fürsorge für andere. Solche Episoden menschlichen Verhaltens treten überall und zu jeder Zeit auf. Eine Soziologie des öffentlichen Mitgefühls thematisiert diese sozialen und kollektiven Verhaltensmuster, in dem eine beträchtliche Anzahl von Menschen glaubt, dass es richtig ist, die Leiden, Schmerzen und Demütigungen anderer zu lindern. Die liberale Sozialtheorie musste das Problem der moralischen Verpflichtungen gegenüber anderen analysieren, indem sie fragt: „Wer ist für andere verantwortlich, wenn sich jeder Einzelne in der Zivilgesellschaft in erster Linie um sein eigenes Wohlergehen kümmert?" War eine neue Form des Mitgefühls möglich, wenn man bedenkt, dass sie von eigennützigen Individuen angenommen wird? Die Menschen in der modernen Zivilgesellschaft wurden transformiert und erwarben routinemäßig Qualitäten, die zuvor als göttlich galten. Wie ich gezeigt habe, war dieses Verständnis weit entfernt von offenbarten religiösen Wahrnehmungen des Mitgefühls, die allein auf Gottes Mitgefühl beruhen.

Er aber war barmherzig und vergab die Schuld und vertilgte sie nicht und wandte oft seinen Zorn ab und ließ nicht seinen ganzen Grimm an ihnen aus. (Psalm 78, 38).

Natürlich steht diese Form des modernen Mitgefühls unter Kritik. Wie kann es auch anders sein? Kritiker greifen es als sentimental an, dass es danach strebt, sich gut zu fühlen, anstatt Gutes zu tun. Hier wird Mitgefühl mit Sentimentalität verwechselt, wie Hannah Arendt das auch in ihrer Studie zur Französischen Revolution tut. Viele dieser Kritiker glauben auch, dass Mitgefühl und mitfühlen nie proportional sein kann, da Gefühle nie angemessen sein können. Im deutschen Denken geht das natürlich auf Immanuel Kant und seine „Metaphysik der Sitten" zurück, die zur Zeit der Französischen Revolution (1797) veröffentlicht wurde:

Die Maxime des Wohlwollens (die praktische Menschenliebe) ist aller Menschen Pflicht gegen einander; man mag diese nun liebenswürdig finden oder nicht, nach dem ethischen Gesetz der Vollkommenheit: Liebe deinen Nebenmenschen als dich selbst. – Denn alles moralisch-praktische Verhältnis gegen Menschen ist ein Verhältnis derselben in der Vorstellung der reinen Vernunft, d.i. der freien Handlungen nach Maximen, welche sich zur allgemeinen Gesetzgebung qualifizieren, die also nicht selbstsüchtig (ex solipsismo prodeuntes) sein können. (§ 27)[35]

Aus diesen kantischen Gründen wird Mitgefühl von den Kritikern der modernen liberalen Politik abgelehnt und mit einer übermäßigen Sentimentalität identifiziert. Mitgefühl, das auf Gefühl basiert, kann uns nie sagen, wann diese mitfühlenden Gefühle aufhören sollten. Es soll dann eher um das gemeinsame Interesse gehen. Kant suchte nach einer Grundlage moralischer Verpflichtung, die nicht von Gefühlen und historischen Besonderheiten abhängig war, was zur Folge hatte, dass die Identifikation mit dem Leiden anderer Menschen, die Grundlage des Mitgefühls, als Grundlage der Moral verdächtig werden sollte. Moraltheorien, die Pflichten oder Grundrechte als Wegweiser für moralisches Verhalten übernehmen, konzentrieren sich fast ausschließlich auf den Einzelnen. Es gibt immer mehr Kritik an solchen individuellen Moraltheorien von einer Gruppe von Sozialphilosophen, die versuchen, die ethische Debatte den Anliegen der Soziologen näher zu bringen. Wie Arendt bemerkte, lehnten schon die klassischen Philosophen wie Platon und Aristoteles Mitgefühl als Grundlage moralischer Verpflichtungen ab, weil es die Gefahr trug, uns mit Emotionen zu überwältigen, ein Gefühl, das mit Weiblichkeit identifiziert wurde und diese Philosophen sich um die zeitlose Gerechtigkeit als Grundlage moralischer Tugend sorgten. Mitgefühl und Mitleid wurden als Verlust der moralischen Autonomie und der Selbstbeherrschung angesehen. Eine andere Form der Kritik an Mitgefühl kommt von Friedrich Nietzsche, der die postmoderne und dekonstruktivistische Kritik an der Möglichkeit moralischer Grundlagen im Allgemeinen inspirierte. Nietzsche lehnte die Überlegungen der Aufklärung über Zivilisation, Vernunft und Universalität ab und schlug vor, sie durch eine destruktive Kreativität zu ersetzen, die auf dem Willen zur Macht und dem Wunsch zu handeln beruht. Alle Formulierungen moralischen Verhaltens sind Versuche der Schwachen, die Macht der Starken einzudämmen. Moral kann nur das sein, was der Wille schafft. Nietzsche war daher auch einer der schärfsten Kritiker des Mitgefühls. Er betrachtete es (ähnlich wie Kant, dessen Philosophie er sonst ablehnte) als ansteckende Krankheit, als Verlust der Autonomie und Selbstbeherrschung. Für Nietzsche sind Mitgefühl und Liebe nur Ausdruck von Ressentiments, Bitterkeit und Hass der unteren Schichten der Gesellschaft für die, die über ihnen stehen und auch Schmerz und Leid zufügen. Liebe und Mitgefühl sind nichts anderes als Mittel, um gesellschaftliche Ziele zu erreichen. Aber auch Nietzsche musste erkennen, dass diese Gefühle in einer demokratischen Gesellschaft mit egalitären Werten auftreten mussten. Für Nietzsche waren diese Gefühle eine logische und historische Entwicklung aus christlichen Liebesvorstellungen. Hier verwechselt Nietzsche jedoch christliche Agape mit einer verallgemeinerten und universellen Menschenliebe, die für die moderne Gesellschaft charakteristisch ist. Moderner Humanitarismus und Agape, auch wenn sie gemeinsame Merkmale haben, unterscheiden sich strukturell und historisch, ebenso wie die Prinzipien der „Rettung der Seelen“ und des „Gemeinwohls“, wie Max Scheler schon 1923 in seinen Überlegungen und Kritik zu Nietzsche schrieb. Scheler stimmt in seinem Buch „Wesen und Formen der Sympathie“ mit der Analyse hier überein, dass der moderne Humanitarismus in demokratischen Gesellschaften entstanden ist, aber er betrachtet ihn als moralische Dekadenz von den spirituelleren Aspekten der Agape. Trotzdem ist Max Schelers Analyse der moralischen Gefühle auch wesentlich für unsere Analyse. Es ist Scheler, der nicht von Mitleid, sondern von Mitgefühl als ein Element der gemeinsamen sozialen Ethik schreibt. In seiner philosophischen Annäherung an die Soziologie geht es auch ihm um den Zuschauer. Scheler will auch unbedingt das Mitgefühl vom „Nachfühlen“ und „Nachleben“ unterscheiden. Es ist kein Erleben des Gefühls anderer, sondern wie er sagt „eine Symbolbeziehung, keine Kausalbeziehung“ die hier vorliegt (Scheler 1923, S. 6).

Ist das noch Soziologie? Ich glaube schon. Es sind allbekannte Fragen über moralischen Relativismus, der sich mit universalen Prinzipien auseinandersetzten muss, es geht wie in der Moralphilosophie Kants um unsere Pflichten gegenüber unseren Neigungen, um Vernunft gegenüber Gefühlen. Das ist in der Tat das Feld, worüber Soziologen schon seit Beginn der Disziplin nachdachten. Wenn wir wirklich behaupten wollen, dass die menschliche Moral historisch bedingt und ein Resultat sozialer Beziehungen ist, müssen wir damit das Projekt der Moderne aufgeben und uns auf die Seite des Dekonstruktivismus und Postmodernismus stellen. Ich glaube eher nicht. Das Projekt der Moderne, oder die auf die bürgerliche Gesellschaft beruhende Aufklärung muss nicht aufgeben werden, auch wenn man akzeptiert, dass ihre ethischen Ideale nicht absolut, sondern historisch bedingt sind. Man muss sich auch nicht auf die andere Seite eines anderen Fundamentalismus stellen, um Ansätze abzulehnen, die Moral nur als Werkzeug in Machtkämpfen betrachten? Es gibt in der Tat historische Kontingenz in Bezug auf das Entstehen humanitärer Gefühle, einschließlich moralischen Mitgefühls. Es gibt soziologische Formen des Verständnisses, die den sozialen Ursprung moralischer Gefühle erkennen, ohne sie auf Epiphänomene oder ideologische Überstrukturen des Machtwillens, oder Versuche der herrschenden Elemente der Gesellschaft zu reduzieren, die Massen zu kontrollieren, oder Unruhen einzudämmen. Moralisches Mitgefühl ist nicht nur Epiphänomen, sondern entsteht in einem spezifischen historischen und sozialen Kontext, nämlich durch die Entstehung des Kapitalismus. Der Markt ermöglicht es den Menschen, die daran teilnehmen, durch seine universellen Eigenschaften unabhängig von ihrem Willen in universelle moralische Beziehungen einzutreten. Und Gefühle werden verhandelt, angeboten, abgewogen, geprüft und abgelehnt. Das ist, was der Markt macht, und auch unser Mitgefühl wird zu einer Ware. Das allein macht es nicht weniger oder mehr authentisch und wir müssen nicht akzeptieren, dass diese gefühlsmäßigen Waren zum Fetisch werden. Das sind in der Tat soziologische Glaubensfragen.

Der Markt allein genügt jedoch nicht, um die historischen Bedingungen des öffentlichen Mitgefühls zu analysieren. Es gibt noch ein weiteres Merkmal der kapitalistischen Gesellschaft, das für die Entstehung des bürgerlichen Mitgefühls verantwortlich ist – nämlich die Demokratie. Ich will damit sagen, dass das Mitgefühl mit der Verflachung kategorischer zwischenmenschlicher Unterscheidungen, die wir von Standesgesellschaften her kennen, weiter ausgedehnt wird. Die Fähigkeit, sich mit anderen zu identifizieren, und insbesondere mit dem Schmerz anderer, wird durch den tiefen Glauben gefördert, dass andere uns in der Essenz ähnlich oder sogar gleich sind. Diese Identifikation ist ein wichtiger Teil der staatsbürgerlichen Gleichheit. Es war Alexis de Tocqueville (1805–1859), ein französischer Aristokrat, der Mitte des 19. Jahrhunderts die USA besuchte und diesen Besuch in seinem Buch *Demokratie in Amerika* beschrieb. Wie Voltaire nach seinem Besuch in England, beobachtete er die Fähigkeit der Menschen in Amerika, sich mit anderen zu identifizieren und den Kreis des Mitgefühls auf alle auszudehnen. In der Demokratie befinden sich alle wenigstens formal in der gleichen moralischen Arena. Er führte dies auf den Zustand der politischen Gleichheit zurück, der diesen moralischen Zustand ermöglichte. Diese ontologische Gleichheit hat nichts mit sozialer Gleichheit zu tun. Das sind im Grunde verschiedene Kategorien. Für Tocqueville war die Gleichheit die eigentliche Leidenschaft modernen Demokratien. Wichtig in unserem Zusammenhang ist es – wie Tocqueville

– die Demokratie weiterläufiger als ein politische Regime zu verstehen und zwar als soziale und kulturelle Erscheinung. Gleichheit in diesem Zusammenhang bedeutet, dass wir als Menschen alle Würde und Respekt verdienen. Gleichzeitig beobachtete er, dass die Leidenschaft zur Gleichheit wie alle Leidenschaften, nie wirklich zu befriedigen ist. Die Leidenschaft, gleich zu sein, ist daher nie wirklich zu befriedigen. Das Gegenteil ist der Fall. Sie geht immer weiter. Wie bei anderen Leidenschaften auch füttert die Leidenschaft der Gleichheit mehr Leidenschaft nach noch mehr Gleichheit. Das bedeutet also: wenn mehr Gleichheit verwirklicht wird, wird gleichzeitig immer mehr Gleichheit gefordert, da die Lust an Gleichheit nie befriedigt werden kann. Gleichheit kann daher nie erreicht, sondern immer nur erstrebt werden. Damit werden die Grenzen immer weiter gezogen, was auch die Grenzen des Mitgefühls einbezieht. Vorher nicht einbezogenen Menschen, wie Nicht-Weiße, Frauen, Kinder, und sogar Tiere und die nicht organische Umwelt können in diese Leidenschaft nach Gleichheit ausgedehnt werden. Das kann aber auch auf Widerstand stoßen. Wenn man an Privilegien gewöhnt war, dann fühlt sich der Wunsch nach Gleichheit oft als Diskriminierung an. Das macht wohl die starre Identitätspolitik aus, in der niemand mehr etwas zugestehen will.

Wir kommen wieder auf Émile Durkheim zurück. Es war er, der französisch-jüdische Soziologe, der versuchte, Tocquevilles Beobachtung zu systematisieren und sie in eine kohärente Sozialtheorie und eine Soziologie der Moral und Moralsoziologie umzusetzen. Für Durkheim spiegeln moralische Ideen soziale Grenzen wider, und in der Demokratie sind diese Grenzen am weitesten gefasst: Mit der Ausweitung der gegenseitigen Abhängigkeit durch ein ausgeklügeltes System der Arbeitsteilung dehnt sich der moralische Sinn aus und wird abstrakter und universeller, die typischen Merkmale kapitalistisch-marktgesellschaftlicher Gesellschaften. Damit weitete Durkheim den für die kapitalistische Organisation so wichtigen Begriff der Arbeitsteilung auf die Moral aus. Durkheim war nicht nur von Tocqueville inspiriert, sondern auch von der Philosophie Arthur Schopenhauers (1788–1860). Schopenhauer schrieb 1840 einen Aufsatz mit dem Titel *Auf der Grundlage der Moral*, in dem er Kant für seine Darstellung der pflichtbasierten Ethik scharf kritisierte. Schopenhauer hielt Mitgefühl für die Quelle der Moral und schlug auch vor, es empirisch zu untersuchen, ein soziologisches Projekt, das Durkheim zu seiner Lebensaufgabe machte. Schopenhauer, der sich wiederum auf Rousseau beruft, sah Mitleid als in der Natur des Menschen liegen, ja eine metaphysische Qualität (Hamburger, 1985). Durkheim war es wichtig für Frankreich eine säkulare rationale Ethik zu schaffen. Gerade als Jude und aus der Familie von Rabbinern stammend, sah Durkheim in einer Soziologie der Moral die Chance für die Gleichheit der französischen Republik. So begann er seine Analyse mit moralischen Fakten und nicht mit moralischen Pflichten:

Es gibt zwischen den Menschen eine innere Bindung, die sich in Zuneigung, Sympathie, Sprache, Zivilgesellschaft manifestiert und noch etwas Tieferes ist als all das, versteckt in den Aussparungen des menschlichen Wesens . . . Männer, die durch eine Gemeinschaft des Wesens gebunden sind, können nicht sagen: „Ich bin gleichgültig gegenüber dem, was andere betrifft." Aber was auch immer diese Solidarität sein mag, unabhängig von ihrer Art und ihren Ursprüngen, sie kann nur als Tatsache dargestellt werden, ohne Grundlage, sie als Pflicht darzustellen. (Durkheim 1893/1992, S. 83)

Dieses Zitat stammt aus dem Vorwort von Durkheims 1893 veröffentlichte Dissertation „Über Soziale Arbeitsteilung". Das Vorwort ist ein Argument gegen kantische und utilitaristische Vorstellungen von Moral, die stattdessen versuchen, einen Umriss für eine empirische Soziologie moralischer Werte zu präsentieren. Durkheims Frage lautete: Was hält Menschen in einem Zeitalter des Individualismus zusammen? Seine Antwort war, dass die Arbeitsteilung nicht nur ein ökonomisches Prinzip, sondern auch die einzige Grundlage des ethischen und sozialen Lebens sein kann. Mehr noch, die Arbeitsteilung ist eine Quelle ethischen Lebens. Durkheim erkennt an, dass moralische Regeln nur moralische in Bezug auf bestimmte soziale und historische Bedingungen sind; und da die Arbeitsteilung für Durkheim zur Hauptquelle sozialer Solidarität wird, wird sie zugleich zur Grundlage der moralischen Ordnung. Dies definiert Durkheim natürlich als moralischen Relativisten, aber während in der Philosophie Theorien der moralischen Verpflichtung nicht vom Konsens abhängen, tun sie es in der Soziologie.

Mit seiner empirischen Moralsoziologie versucht Durkheim, sowohl unter- als auch übersozialisierte Vorstellungen von Menschlichkeit zu vermeiden. Er berücksichtigt sowohl den Handlungsaspekt als auch die soziale Bestimmung. Gegen die Tradition Kants glaubt Durkheim, dass Gerechtigkeit in einer modernen demokratischen Gesellschaft mit unserem emotionalen Engagement in der Welt beginnt. Gegen die utilitaristische Tradition, die Menschen gleichermaßen so beschreibt, Schmerz und Vergnügen zu empfinden, wobei die Freuden des Wohlwollens die Grundlage moralischer Gefühle sind, dachte Durkheim in Einklang mit den rationalen Philosophen, dass Grausamkeit und Leiden in einem geordneten Universum nicht wirklich existieren sollen. In seiner Moralsoziologie sind Rationalismus und Utilitarismus miteinander verwoben, dass sowohl Pflicht als auch das Streben nach dem „Guten“ Produkte der sozialen Interaktion unter spezifischen sozialen und historischen Umständen sind. Er war ein Versuch, die moralische Dimension der Soziologie zu retten, indem er auf Formulierungen natürlicher Sympathie und Mitgefühl aus dem 18. Jahrhundert zurückgreift. Ich bin der Meinung, dass das Wichtigste an Durkheim für unser Anliegen seine Idee des Liberalismus als eine Religion – im Sinne von Werten, die jeden modernen Staat beleben und an den die Menschen bedingungslos glauben, so wie sie an

Religion glauben. Sobald sie in Institutionen, in Habitus, in Interpretationen verkörpert sind, werden die Gesellschaften weiterhin Gläubige sein. Es gibt „gottgegebene Rechte", und damit ist gemeint, dass man Prediger nicht nach ihnen fragt, sondern dass diese Rechte in demokratischen, liberalen, christlichen Herzen geschrieben sind und dass sie dort von Gott geschrieben worden sein müssen. Das ist seine Vorstellung vom Liberalismus als moralischer Kraft. Wir müssen sie als Religion verstehen, als etwas, dass mit der Abschaffung der Grausamkeit identifiziert werden muss, die sich vom säkularisierten Christentum unterscheidet. Es ist der säkulare Glaube an die Gleichheit.

Tocqueville hat dieses Prinzip der Gleichheit in demokratischen Gesellschaften schon früh erkannt. Während der Herrschaft der Aristokratie ist jeder Mensch immer eng an andere gebunden. In Zeiten der Gleichheit ist jeder Mensch natürlich isoliert. Ist Mitgefühl in einer Gesellschaft des Einzelnen überhaupt möglich? Man kann von einem Phänomen sprechen, das man „altruistischen Individualismus" nennen kann. Dies ist eine Moderne, die es ermöglicht, scheinbar widersprüchliche Merkmale (wie Altruismus und Individualismus) zusammen existieren zu lassen. Der altruistische Individualismus braucht einen „modularen" Mann oder eine „modulare" Frau, eine Person, die moralisch sein kann, ohne es bewusst sein zu wollen und die auch keine tugendhafte Gesellschaft dazu braucht, eine Person, die morgens moralisch sein und nachmittags individualistisch sein kann. Kurz gesagt, eine Person, die in der Zivilgesellschaft lebt. Mitgefühl kann rational sein, wenn wir von der Anerkennung der Schwäche eines anderen und der Rolle, die es in seiner Not spielt, zu der Erkenntnis übergehen können, dass auch wir verletzlich und folglich nicht immun gegen Unglück sind. Und wie Tocqueville und Durkheim gezeigt haben, wird diese Fähigkeit, sich mit anderen zu identifizieren, durch die Wahrnehmung gestärkt, dass wir ihnen tatsächlich ähnlich sind. Die demokratische Zivilgesellschaft schließt daher eine selbstzerstörerische Sorge um die eigenen Schwächen und die mögliche Verantwortung für Unglück ein. Demokratisches Mitgefühl erfordert daher nicht, dass wir uns mit einem gemeinsamen Satz von Werten und sozialen Zielen identifizieren. Aber es sichert Bedingungen, unter denen andere als moralische Gleichberechtigte immer potenzielle Kandidaten für mitfühlende Sorge sind.

Mit dem Beginn der bürgerlichen Gesellschaft veränderte sich die Beziehung der Menschen zu eigenem und von Fremden erlittenem Schmerz. Dies beinhaltete eine Revolution der Sensibilität. Es galt Schmerzen und jeden Preis zu vermeiden. Schmerz galt als bösartig und Glück wird auch als schmerzloses Leben definiert. Viele der humanitären Bemühungen in allen Bereichen der Gesellschaft beruhen auf diese Abschaffung des Schmerzes (siehe auch immer wieder die Reaktionen auf Polizeibrutalität). Die soziologische Literatur über die Transformation des Sozialverhaltens (einschließlich der Reaktionen auf Schmerzen) liefert uns groß angelegte Interpretationen das Entstehen bürgerlicher Tugenden wie Abscheu gegen den Schmerz.

Webers Idee der Rationalisierung und der Zivilisationsprozess von Norbert Elias sind da wichtige Bausteine. Dazu gehörte auch die Schmerzvermeidung. Elias (1978) beschrieb ein Bild des „Zivilisationsprozesses“, in dem die wachsende soziale Komplexität und das zunehmende Gewaltmonopol des Staates in den Verhaltensmuster von Einzelnen gespiegelt wurde. Das funktionierte durch die Kontrolle von Affekt, Sauberkeit und das zunehmende Schamgefühl. Max Weber (1864–1920) interessierte sich dafür, wie sich die Rationalisierungsprozesse auf Einzelpersonen auswirkten, also die methodisch-rationale Lebensweise, die grausame Exzesse ausschließt. Diese Studien beschreiben ein Gesamtbild, in der Grausamkeit als Anti-Ideal bekämpft wurde. Wohl keine andere politische Theorie als der Liberalismus versuchte die Schmerztilgung in ihrem intellektuellen Gebäude miteinzubauen, was ihm natürlich auch oft sowohl von links und von rechts zum Vorwurf gemacht wurde. In einer vorbürgerlichen Standesgesellschaft konnte die Vorstellung des Schmerzes die Grenzen der Gemeinschaft nicht überschreiten. Und man konnte auch dem Schmerz nicht entfliehen. Menschen akzeptierten Schmerzen als Teil ihres Lebens oder als Strafe für ihre Sünden. Das ist von heute aus gesehen nicht mehr nachvollziehbar. Für die mittelalterliche Welt war Gewalt ein Teil von Gottes Plan. Leiden, Unsicherheit, Gewalt waren alltäglich. Es gab kein Heilmittel für Leiden, während Reformer des 18. und 19. Jahrhunderts Leiden nicht mehr als natürlich betrachteten und abschaffen wollten. Vor dem Aufkommen dieser Perspektive sind Heilige die prototypischen christlichen Helden; ihr Kampf ist mit dem Bösen und ihr Sieg ist der Sieg Gottes. Das Leben der Heiligen manifestiert sich in *imitatio dei* und *agape dei.* Obwohl moderne Reformer mittelalterliche Heilige wie Franz von Assisi natürlich bewunderten und dies auch immer noch tun. Der Film von Wim Wenders über den Papst Franziskus – *Ein Mann seines Wortes* aus dem Jahre 2018 vermischt die liberale Bewunderung Wenders mit den göttlichen Modellen des Papstes, dem es auch gelingt seine *imitatio dei* liberal zu vermitteln. Als Modelle sind die beiden sehr unterschiedlich. Die Liebe, die Franziskus predigte und praktizierte, ist nicht dieselbe, wie der moderne Humanitarismus in der heutigen Welt.

Die entfesselte institutionalisierte Gewalt des 20. Jahrhunderts verdeckt oft den Blick auf die natürliche und gewaltvolle Gewalt des Alltags der Vormoderne. Wir sagten schon, dass es heute kaum vorstellbar ist, dass öffentliche Folter und Hinrichtungen vor einem grölenden Publikum stattfinden könnten. Sportveranstaltungen versuchen das zu imitieren, aber alles sind sich natürlich bewusst, dass es bei diesen Veranstaltungen eher darum geht, alte Rituale nachzuahmen. Die Verlierer eines Fußballspiels werden den Löwen nicht zum Fraß vorgeworfen. Dass wir modernen Menschen Sklaven in der Arena Raubtieren zum Fraß vorwerfen, ist nun in der Tat nicht vorstellbar, aber wie Hexenverbrennungen am Scheiterhaufen war es Teil eines vormodernen Alltags. Der Zweck der vormodernen Strafe war es nicht, Straftäter zu reformieren, sondern durch körperliches Leiden die moralische Ordnung wiederherzustellen. Die Folter gehörte zu diesem Verfahren. Von ungefähr der zweiten Hälfte des 13. Jahrhunderts bis Ende des 18. Jahrhunderts fand Folter präzise, begrenzt und stark reguliert statt. Das Gesetz repräsentierte den Willen des Herrschers. So weit, so Foucault. Verurteilte Kriminelle wurden vor ihren Hinrichtungen öffentlich gefoltert. Foucaults *Überwachen und Strafen* (1975/1992) öffnet mit einer eindringlichen Beschreibung der Folter von Damiens. Der Körper des Verurteilten beginnt so:

Am 2. März 1757 war Damiens dazu verurteilt worden vor dem Haupttor der Kirche von Paris öffentliche Abbitte zu tun, wohin er in einem Stürzkarren gefahren werden sollte, nackt bis auf ein Hemd und eine brennende zwei Pfund schwere Wachsfackel in der Hand ... sein Körper sollte von vier Pferden auseinandergezogen und zergliedert werden ... (Foucault 1975/1992, S. 9)

250 Jahre später ist eine solche Hinrichtung in Paris nicht mehr vorstellbar. Und genau darum ging es den Strafreformern im 19. Jahrhundert, nämlich dass solche Praktiken nicht mehr vorstellbar sein könnten. Friedrich Nietzsche, wohl einer der wichtigsten Philosophen des Leidens und der Schmerzen, erkannte deutlich, dass es nicht das Leiden als solches ist, das Empörung in der modernen Kultur auslöst, sondern seine Bedeutungslosigkeit. Da es keine rationale und auch keine sentimentale Rechtfertigung für bedeutungsloses Leiden oder ungerechtfertigtes Zufügen von Leiden mehr gab, wurde Grausamkeit und Schmerzerfahrung prototypische Objekte des Kampfes dagegen, sei es in der Medizin oder in der Reform des Strafrechtssystems.

Wie kommt es dazu? Wir können die Schmerzen anderer nur mitfühlen, wenn wir fähig sind, diese anderen als uns ähnlich zu sehen. Deshalb ist die Kommunikation des Schmerzes so wichtig. Die Gleichheit der Bürger in einer Demokratie ermöglicht diesen Prozess. In einer Demokratie befindet sich jeder mindestens formal in der gleichen moralischen Arena, und es sind die Bedingungen der politischen Gleichheit, die diesen moralischen Zustand möglich machen. Natürlich sind nicht alle davon begeistert, Schmerzen aus dem öffentlichen Raum zu entfernen. Vor allen Dingen war es Friedrich Nietzsche, der wiederum Michel Foucault beeinflusste, der eine völlig andere Einstellung zum Schmerz hat, die nicht nur von der liberalen Theorie abweicht, sondern eine konträre Beschreibung der Wirklichkeit darstellt. Es geht um mehr als um die Skepsis gegenüber der Abschaffung des Schmerzes. Hier werden Staat und Gesellschaft bezichtigt, dass hinter der Absicht, Schmerzen zu bekämpfen, klare Absichten liegen, die darauf abzielen, Menschen besser kontrollieren zu können. Ohne Schmerzen kann es keinen wirklichen Kampf geben und ohne diesen Kampf keine menschliche Unabhängigkeit.

Nietzsche und Foucault sind auch davon überzeugt, dass die liberale Ordnung ebenfalls grausam ist, nur dass die Grausamkeit – von Freud beeinflusst – von außen nach innen verlagert wird, vom Körper zur Seele. Diese verinnerlichte Grausamkeit erkennen sie in der humanitären Rhetorik.

Während für die Denker der Aufklärung die Beseitigung der Schmerz (insbesondere in der Öffentlichkeit) der eigentliche Zweck humanitärer Reformen war, sehen Nietzsche und Foucault es genau umgekehrt. Es ist unmenschlich, den Schmerz beseitigen zu wollen. Es ist kaum deutlicher zu sagen wie Nietzsche es in der Streitschrift von 1887 *Zur Genealogie der Moral* schrieb:

Ich nehme das schlechte Gewissen als die tiefe Erkrankung, welcher der Mensch unter dem Druck jener gründlichsten aller Veränderungen verfallen musste, die er überhaupt erlebt hat, — jener Veränderung, als er sich endgültig in den Bann der Gesellschaft und des Friedens eingeschlossen fand. (Zweite Abhandlung, Par.16)

So beklagt Nietzsche den Beginn des humanitären Zeitalters. Und davon ausgehend ist auch für Foucault die Reformgeschichte der letzten Jahrhunderte Ausdruck der Leidenschaft derjenigen, die die Gesellschaft kontrollieren und disziplinieren wollen. Der aufklärerische Humanitarismus ist nichts anderes als ein Vorwand für disziplinierenden Technologien. Es geht dabei eher um die verschleierten Interessen der Reformer und nicht um die Reform selbst.

Die Ideale der Reformer werden als Ideologie behandelt, in der die Reformer nur von sich glauben, dass sie dem Allgemeinwohl dienen, in Wirklichkeit aber klare Interessen dahinterstehen. Das ist heute soziologischer Allgemeinplatz. Aber unsere Beschreibung der sozialen Wirklichkeit geht von einer historischen Transformation der Gefühlswelt in der Demokratie aus. Tocqueville beschrieb es so als er einen Brief einer adligen Dame zitierte:

Vorgestern flocht man einen Geiger aufs Rad, der mit dem Tanz und der Plünderung des Stempelpapiers angefangen hatte. Er wurde gevierteilt, und die vier Stücke seines Körpers wurden in den vier Ecken der Stadt aufgehängt ... Es ist wahr, dass das Hängen mir jetzt als Erfrischung erscheint. (Zitiert nach Ritter 2013, S. 83)

Der Brief ist aus der Feder von Madame de Sévigné, bestimmt keine insensible Person. Aber sie konnte sich einfach das Leiden von Menschen aus einem anderen Stand nicht vorstellen. Die Grenzen des Mitgefühls waren in der Tat die Grenzen der eigenen Gruppe und so berichtete sie ohne Scham über die Aufstände in der Bretagne im Jahre 1675. Die Vorstellung des Leidens anderer ist daher Teil des demokratischen Projekts. Schmerzen und der Kampf, sie abzuschaffen wurden so zentral in der Aufklärung und liberalen Denken, dass es im liberalen Denken gerade darum ging. Gerade das wird auch von der jüdischen liberalen Denkerin Judith Shklar (1928–1992) in ihrem bahnbrechenden Essay „Der

Liberalismus der Furcht" aus dem Jahre 1989 betont. Es geht bei ihrem Liberalismus nicht um eine normative Theorie, sondern um die empirische Beobachtung, was geschehen kann, wenn der Liberalismus ausgesetzt wird. In ihrer Auffassung geht es nicht darum, große Ideale zu verwirklichen, sondern Grausamkeit und Schmerzen zu vermeiden. Das hat Judith Shklar auch mit einem anderen jüdischen liberalen Theoretiker, nämlich Isaiah Berlin gemeinsam, beide wohl nicht zufällig Geflüchtete aus dem sowjetischen Einflussbereich. Das Kant'sche Diktum „*Aus so krummem Holze, als woraus der Mensch gemacht ist, kann nichts ganz Gerades gezimmert werden*" ist für Berlin eine Metapher für die Unvollständigkeit menschlichen Handelns. Aber nicht nur das, es ist eine Metapher für die kulturelle Vielfalt menschlichen Lebens. Aber nicht nur das krumme Holz, sondern auch der „gekrümmte Zweig" gilt Berlin als wichtige Metapher für die Reaktion auf Demütigung. Denn darum geht es Berlin auch. Der Liberalismus ist eine Reaktion auf Demütigung. Der Liberalismus ausgehend von Tocqueville, und von Shklar und Berlin weiterentwickelt, ist in Geschichte und Erfahrung gewoben. Dieser Liberalismus beruht auf dem Leben der Menschen, ihrer Würde und ihrem Wunsch, ohne Qual, Furcht und Schmerz leben zu können. In diesem Sinne schließt dieser Liberalismus des Mitgefühls auch ein Minimum universellen Normen ein, da es diese überhaupt erst ermöglichen, den Umgang mit Andersheit Grenzen übergreifend zu regulieren.

Hier liegt die Quelle einer alt-neuen Aufklärung: Die Angst vor neuen, barbarischen Alternativen. Pluralistische Tabus stützten sich auf die Erinnerung an historische oder fiktive Ereignisse, die davon erzählen, was passiert, wenn Tabus gebrochen werden. Sie basieren nicht auf der Hoffnung auf bessere Zeiten, sondern auf der Furcht vor schlechteren. Liberale Menschen sind keine Helden im alten Sinne. Sie ziehen das Leben dem Tod vor und sie erheben den Tod auch nicht zur Tugend. Das ist nicht sehr erhaben, Nietzsche würde sich krümmen, aber diese Nichterhabenheit ist integraler Bestandteil der Theorie. Es ist ein Liberalismus, der weg will von Utopien und Träumen einer vollkommenen Gesellschaft. Es ist ein illusionsloser Liberalismus, der natürlich nicht an die Utopie einer gewaltfreien Moderne glaubt, aber sich darüber bewusst ist, dass die moderne Gesellschaft nicht perfekt ist, jedoch das Potenzial des Perfekten in sich trägt. Es ist wie mit der Gleichheit – ein nie zu vollendendes Projekt. Das ist nicht nur Utopie. Das Potenzial des Gegenteils ist immer vorhanden. Es geht darum, jenseits der Dichotomie von Zivilisation und Barbarei die Welt zu verstehen. Diese Dichotomie wird in der Einstellung zu den Schwächeren der Gesellschaft besser verständlich. Deshalb waren es Tiere, Kinder und Frauen, mit denen die Kampagnen des organisierten Mitgefühls begannen.

Aber nicht nur um Tiere, Kinder und Frauen ging es. Wie verhielt es sich mit Menschen, die in der Tat fremd sind. Konnte zum Beispiel das so entstandene Mitgefühl von Tieren, Kindern und Frauen auch auf Gruppen wie Juden und Jüdinnen erweitert werden? Dass Juden auch wie andere Menschen sind, ist ein relativ neuer Gedanke des 18. und 19. Jahrhunderts und damit sollte man glauben, dass diese Gleichheit auch Mitgefühl enthält. Die sogenannte Judenemanzipation verläuft ähnlichen Strukturen wie die Reformen gegen die Grausamkeit gegen Tiere, Kinder und Frauen. Beginnen wir mit der Emanzipation und der Aufklärung. Für Juden hieß das Motto: *Sei ein Jude zu Hause und ein Mensch in der Welt.* Dieses Motto stammt von dem russischen jüdischen Aufklärer Jehuda Leib Gordon, entnommen aus einem Gedicht aus dem Jahre 1866. Gordon wollte auch, dass Juden in Russland Russisch zu reden beginnen. Es war aber auch der Beginn des sich emanzipierenden Judentums, öffentlich unsichtbar zu werden. Die Emanzipation verlangte die öffentliche Unsichtbarkeit der Juden. Das war der Preis der Gleichheit. Es war auch nach der Emanzipation nicht einfach für Juden, sich dem Vorwurf zu entziehen, eine „Nation innerhalb einer Nation“ zu sein.

Die Emanzipation ist der Beginn des „unsichtbaren" Juden, der durch das Versprechen der Staatsbürgerschaft wie alle anderen Menschen sein konnte. In einer Zeit, in der Modernität auch den Übergang von „Gemeinschaft" zu „Gesellschaft" bedeutete, wurde dies zu einer Anklage gegen Juden. Sie waren immer noch eine enge Gemeinschaft und unterminierten damit die allgemeinen Ansprüche der Staatsbürgerschaft, nutzten jedoch gleichzeitig die zunehmende Privatisierung und Kommerzialisierung der Gesellschaft, das war die Meinung derjenigen, die in den Juden Feinde der Nation sahen. Juden waren in einer Doppelbindung gefangen. Sie wurden als zu partikular angesehen, um universelle Bürger zu sein, und als zu universell, die Grenzen der Staatsbürgerschaft überschreitend, eigentlich zu universal, um partikulare Bürger zu sein. Juden wurden von französischen Revolutionären beschuldigt, das Projekt der Revolution zu verhindern, und gleichzeitig vom konterrevolutionären katholischen Klerus, für die Revolution verantwortlich gemacht. Damit begann die „Schuld" der Juden an der Moderne, also auch am Mitgefühl gegen Schwächere selbst. Die Juden wurden zum Symbol aller modernen Paradoxien. Als Figuren der Partikularität unterminierten sie den universellen Anspruch der Aufklärung. Sie wurden zu Außenseitern der Aufklärung und lebten immer noch in Fantasiewelten eng verwurzelter Gemeinschaften. Gleichzeitig waren Juden auch das Symbol für das Gegenteil der Gemeinschaft: Transnationalismus, Heimat- und Wurzellos, mehrfache Loyalität und Geldwirtschaft. Die Emanzipation, die bürgerliche Gleichstellung sind der erste Schritt dafür. Juden sind nicht mehr die Wanderer, sie können gleichberechtigte Mitglieder einer vermeintlichen Volksgemeinschaft sein, so wie alle anderen auch. Und in diesem Versprechen machte sich gerade der Widerspruch zwischen Nationalismus als homogenisierender Kraft einerseits und der Zerstreuung andererseits geltend. Im allgemeinen Willen der Nation darf es keinen partikularen Willen mehr geben. Ein wahrhaft revolutionärer Gedanke. Aber gleichzeitig der Beginn der Gewalt gegen diejenigen, die sich dem universalen Angebot widersetzen wollten. Partikulare Juden gehörten der Vergangenheit an, mussten „verbessert“ werden, um zu Menschen zu werden. Bezeichnend dafür ist die Streitschrift eines der preußischen Befürworter der jüdischen Emanzipation, Christian Konrad Wilhelm von Dohm aus dem Jahre 1781 *Über die Bürgerliche Verbesserung der Juden*, die natürlich nicht zufällig den Ton der oben beschriebenen Reformbewegungen benutzt. Wie bei der sozialen Kontrolle war auch dieses Erlösungsversprechen ein zweischneidiges Schwert. Auf der einen Seite brachte die Emanzipation die sogenannte „jüdische Frage“ erst ins Bewusstsein, aber gleichzeitig war die jüdische Emanzipation für viele Juden in der Tat Befreiung. Dies bedeutete, dass die Ablehnung der Gleichberechtigung für Juden nicht länger toleriert werden sollte und dass Juden als Menschen eines bestimmten Glaubens (oder überhaupt eines Glaubens) in eine Gesellschaft gleicher Bürger integriert werden sollten. Die ständischen Beschränkungen sollten aufgehoben werden. Juden konnten theoretisch „gleich“ werden. Aber der Preis für Gleichheit war Unsichtbarkeit. Wie spielt sich da das Mitgefühl ab? Gerade angesichts der Mitleidslosigkeit der deutschen Nationalsozialisten gegenüber den Juden sollte das im Auge behalten werden. In diesem Projekt der Judenvernichtung wurden auch gleichzeitig die Moderne selbst und dessen Träger vernichtet. Das war auf jeden Fall der Wille. Das Mitgefühl gegenüber Fremden sollte ausgerottet werden. Juden waren in dieser Auffassung die ultimativen Fremden und in der Auffassung der Nazis diejenigen, die für das „Unglück“ der Moderne verantwortlich waren. Wie soll man sonst den national-sozialistischen Kampfbegriff „Die Juden sind unser Unglück“ verstehen? Die Nazis griffen diesen von Heinrich von Treitschke schon 1879 formulierten Slogan immer wieder auf. Es ging um Kapitalismus, um Moderne, um Universalismus. Im nächsten Kapitel werden wir uns mit dem Mitgefühl der Menschenrechte beschäftigen, um diesen Punkt zu verdeutlichen.

Kapitel 2
Menschenrechte fühlen

Refugee Blues
Once we had a country and we thought it fair,
Look in the atlas and you'll find it there:
We cannot go there now, my dear, we cannot go there now.
(W. H. Auden)[36]

Die Bilder des Mitgefühls

In diesem Gedicht beschreibt der Dichter Wystan Hugh Auden kurz vor dem Ausbruch des Zweiten Weltkriegs die Situation der Flüchtlinge. Es ist des Dichters Appell an eine bessere und humanere Welt, eine Welt ohne Grausamkeit. Nicht die Juden sind unser Unglück, sondern um jüdisches und allgemeines Unglück geht das Gedicht. Es geht dem Dichter um das Mitfühlen – die Fähigkeit, den Schmerz fremder Menschen in die eigene Welt mit einzubeziehen. Dieser Appell wird heutzutage oft in der trockenen Sprache der Menschenrechte und nicht mit Gedichten gehalten. Wie oft geschieht das: Die abendliche Tagesschau oder die sozialen Netzwerke bringt Bilder, die zeigen, wie Kriegsgefangene brutal gefoltert werden oder wie Soldaten auf dem Boden liegende, unschuldige Zivilisten mit den Füßen treten. Oder sie zeigen Bilder von grausamen Polizeibeamten, die vor laufenden Handys jemanden zu Tode martern. Es handelt sich nicht um Bilder eines Spielfilmes, sondern um Bilder, die die Wirklichkeit irgendwo auf der Welt wiedergeben. Der geografische Ort dieser Bilder ist sicherlich nicht unbedeutend. Geben diese Bilder die Wirklichkeit in einem westlichen Land wieder, ist das Skandalöse, das sie aufdecken, sofort allgegenwärtig. Aber auch wenn die Bilder aus anderen Weltregionen stammen, treffen sie das kulturelle Nervensystem.

Ein Beispiel, das ikonisch wurde. Am 8. Juni 1972 flog die Luftwaffe Südvietnams einen Napalm Angriff. Ein neunjähriges Mädchen Phan Thi Kim Puc erlitt durch den Angriff schwere Verbrennungen. Der Fotograf Nick Ut war zur Stelle und nahm wohl eines der ikonischsten Fotos über den Schrecken des Krieges auf. Bilder wie diese bezeugen nicht nur den Schrecken, sie werden zum Schrecken selbst. Der Zuschauer ist gezwungen, diese Bilder zu betrachten und ein Urteil darüber zu fällen. In dem Bild des verbrannten vietnamesischen Mädchens, das 1972 in allen damals vorhandenen Medien präsent war, lief alles zusammen, was Mitgefühl gegenüber „fremden“ Kindern angeht. Hier war in einer kurzen Blitzaufnahme der für alle wahrnehmbare Schrecken des Krieges zu sehen, und das vor allen für Kinder. Kinder sollen von ihren Eltern, also Erwachsenen, beschützt und nicht verbrannt werden. Der Zuschauer weiß, dass das Mädchen unschuldig ist. Aber dieses Bild hat kein Happy End. Wir alle kennen Bilder von toten Opfern der verschiedensten Konflikte. Aber dieses Foto machte uns für wenige Augenblicke mit Phan Thi Kim Puc bekannt. Wir wurden Teil ihrer Unschuld, ihrer Todesangst, ihres Willens zu leben. Das Mitfühlen beruht in erster Linie auf der Vorstellung davon, wie man sich selbst in der anderen Situation fühlen würde – eine Vorstellung, die in solchen Situationen natürlich nicht möglich ist. Wir können uns unseren eigenen Tot nicht vorstellen, auch nicht die unbeschreiblichen Schmerzen eines Feuerangriffs, aber je anschaulicher und unverstellter man Zugang zu solch tragischen Geschehen bekommt, desto eher kann man sich das Leiden Fremder vorstellen und als Konsequenz mit-fühlen. So eine Fotografie löst die imaginierte Gemeinschaft der Kleingruppe auf und schafft eine neue Gemeinschaft, nicht weniger das Produkt von Imagination, aber größer und umfassender. Sicher nicht das erste Bild, welches Leiden darstellte. Man denke nur an die ikonischen Bilder der

Befreiung der Konzentrationslager von 1945, die Bilder aus dem Spanischen Bürgerkrieg, in dem der Fotograf Robert Capa 1936 eine Momentaufnahme eines erschossenen Soldaten festzuhalten, oder noch früher vom Beginn des 19. Jahrhunderts die Zeichnungen von Francisco de Goya, „Die Schrecken des Krieges“, um nur einige wahrhaft ikonische Beispiele zu nennen.

Warum treffen solche Bilder unser Nervensystem und was haben sie mit Menschenrechtspolitik zu tun? Wenn wir von Menschenrechten reden, meinen wir Politik oder sprechen wir eine unpolitische ästhetische Sprache ohne politische Konsequenzen? Das heißt also eine Sprache wie das Gedicht von Auden. Trotzdem scheint es, dass die Sprache der Menschenrechte vielen zivilisierten Menschen nicht nur wichtig, sondern auch verpflichtend wurde: *Alle Menschen sind frei und gleich an Würde und Rechten geboren. Sie sind mit Vernunft und Gewissen begabt und sollen einander im Geist der Brüderlichkeit begegnen.* So heißt es in Artikel 1 der Allgemeinen Erklärung der Menschenrechte. Ist das Poesie oder Juristerei? Ist es Politik oder Ästhetik? Die Sprache der Menschenrechte gibt uns einen kognitiven und emotionalen Rahmen, der uns sagt, warum es uns nicht egal sein kann, wenn fremde Menschen grausam von Staatsautoritären behandelt werden. Die Wirklichkeit dieser Bilder steht im offensichtlichen Widerspruch zu dem Artikel 1 der Universellen Erklärung der Menschenrechte. Was haben diese noblen Wörter für Folgen für das Verhältnis von Innen und Außen, von National und International? Die Sprache der Menschenrechte gibt uns einen Begriffsrahmen, um zu verstehen, warum diese Bilder von Fremden, die von anderen Fremden brutal misshandelt werden, uns betreffen und berühren. Warum gehen sie uns an? Warum sollen sie uns angehen? Was macht die Macht der Menschenrechte aus, dass diese Bilder uns in Aufruhr versetzen?

Das war nicht immer so. Das Ende des Kalten Krieges nach 1989 und das Hervortreten der globalen Interdependenzen haben die Spannungen zwischen den Imperativen des Menschenrechtsregimes und den Voraussetzungen nationalstaatlicher Souveränität scharf hervortreten lassen. Während die Revolution der Menschenrechte in den letzten 20 Jahren den Missbrauch und die Verletzung keineswegs eingeschränkt hat, so hat sie doch starke normative und institutionelle Grundlagen, um das Abwehrschild der Souveränität zu durchbrechen. Mit andern Worten: Die Autonomie des Nationalstaates kann auch durch die Meta-Macht der globalen Zivilgesellschaft infrage gestellt werden. Globale Märkte und globale Menschenrechtspolitik gehen Hand in Hand. Diese globale Politik des Mitgefühls beruht darauf, den Menschenrechten Geltung zu verschaffen entgegen der nationalstaatlichen Scheinselbstverständlichkeit, wonach Staaten in ihrem eigenen Herrschaftsraum tun und lassen können, was sie wollen. Durch den normativen, rechtlichen und politischen Vorgriff auf einen weltbürgerlichen Zustand wird die Souveränität des Nationalstaates für fremde Eingriffe geöffnet. In diesem Sinne eröffnet die Sprache der Menschenrechte einen hochlegitimen, autoritativen Machtdiskurs, der es einerseits unterdrückten und gefährdeten Gruppen erlaubt, ihre Rechte zu legitimieren und in internen Kämpfen mit externer, weltöffentlicher Unterstützung (möglicherweise) durchzusetzen. Die im Sommer 2020 tobenden anti-rassistischen *Black Lives Matter* Demonstrationen – auch außerhalb der USA – sind ein gutes Beispiel dafür.

Aber das erklärt noch nicht viel. Wir suchen immer noch nach dem Schlüssel zu der kollektiven Verantwortung. Warum geht es uns etwas an? Leiden wir mit? Fühlen oder wissen wir uns solidarisch mit Menschen, die wir nicht kennen? Globalisierungsprozesse verändern Kultur. Das weiß heute jeder. Die Massenmedien sind Teil dieses Wandels. Auch das ist klar. Neu kann vielleicht ein Argument sein, dass die globalen Massenmedien Teil einer neuen Moralität sind und uns zu besseren Menschen machen. Die Medien machen den Zuhörern ein moralisches Angebot. Die Zuschauer mögen dieses Angebot zurückweisen, aber sie müssen sich auch in dieser Zurückweisung mit dem Angebot auseinandersetzen. Auch wenn man den Ort nie verlässt, werden Zuschauer damit konfrontiert, sich mit der Gegenwärtigkeit von Anderen auseinanderzusetzen. Menschen erinnern sich mithilfe von Bildern aus Filmen, Nachrichten und anderen Medien. Diese Erinnerungen werden zu moralischen Prothesen. Sie erzeugen (oder auch nicht) ein Mit-Fühlen mit Fremden. Es ist auch nicht mehr möglich, die Verantwortung auszulagern. Es sind keine dunklen nicht mehr zu kontrollierenden Kräfte für das Elend der Welt verantwortlich, sondern ein jeder und eine jede, die nun mitverantwortlich sind.

Mitgefühl und Identitäten

Kann die Soziologie das überhaupt mit ihrem Werkzeugkasten begreifen oder müssen wir woanders nach Geräten suchen? Welche Sprache wird hier gesprochen oder besser noch gefühlt? Nicht nur um vernunftbezogene Diskurse geht es, sondern auch um die Erweckung von moralischen Gefühlen, die gerade durch Bilder erzeugt werden können. Das ist der Grund, warum dieser Essay ständig mit Bildern arbeitet. Die Welt wird mit anderen geteilt. Es geht dabei um die permanente Verhandlung von universalen und partikularen Erfahrungen. Um moralischen Minimalismus und nicht um moralischen Relativismus geht es dabei. Dabei wird es klar, dass die Vermeidung von unnötigem Leid einer der wichtigsten Kriterien dieses neuen liberalen gesunden Menschenverstands wird. Dieser „Gemeinsinn“ (wie es in der oben beschriebenen britischen Moraltheorie heißt) wird durch die Macht der Geschichten und ihrer Verbildlichung erzeugt. Und das nicht trotz Pluralismus, sondern wegen Pluralismus. Das ist der große Unterschied zwischen den aus liberalen Umfeldern entstandenen Moraltheorien und normativen Moralvorstellungen. Menschenrechtspolitik wird heute oft als ein natürlicher

Prozess, fast schon als Evolution gesehen. Dahinter steckt der Fortschrittsgedanke, der Menschen aus ihrer nationalen und ethnischen Unmündigkeit befreit und sie in universale Figuren verwandelt. Das bedeutet jedoch nicht, dass die Verknüpfung zwischen Recht, Staat und Nation je aufgehoben wurde. Als am Ende des Ersten Weltkriegs die Imperien zusammenbrachen und ethnische Nationalstaaten auf ihrem Boden entstanden, entstand zugleich eine neue Kategorie von Mensch, die Kategorie der ethnischen Minderheit. Das wurde wieder von Hannah Arendt in ihrer Totalitarismusstudie aus den 1950er Jahren ausgearbeitet. Die Menschenrechtspolitik, die nach dem Zweiten Weltkrieg begann und gezielt die Rechte der Individuen und nicht nur – und das ist das Entscheidende – den Schutz von Minderheiten ins Zentrum stellte, ist also die Antwort auf das grenzenlose Versagen des nationalstaatlich orientierten Völkerrechts, das in der Katastrophengeschichte des 20. Jahrhunderts seine Unschuld verloren, seine Legitimation verwirkt hat. Aus den katastrophalen Folgen entstand, was Hannah Arendt das Neue, das Anfangen-Können des Politischen genannt hat. Und so schreibt sie in ihrer Vorlesung „Was ist Politik“:

Wenn der Sinn von Politik Freiheit ist, so heißt dies, dass wir in diesem Raum – und in keinem anderen – in der Tat das Recht haben, Wunder zu erwarten. Nicht weil wir wundergläubig wären, sondern weil die Menschen, solange sie handeln können, das Unwahrscheinliche und Unberechenbaren zu leisten imstande sind und dauernd leisten, ob sie es wissen oder nicht. (Arendt 1993, S. 35)

Das ist durchaus problematisch formuliert für Soziologen, und Arendt ist ja auch bekannt dafür, dass sie mit der Soziologie nichts anfangen konnte. Aber das Neue, das durch die Menschenrechte in die Welt gekommen ist, kann mit guten Gründen als schleichende Revolution bezeichnet werden, denn zu Ende gedacht, stürzt ein Menschenrechtsregime, das Priorität gegenüber dem Selbstbestimmungsrecht der Völker gewinnt, die politische Weltordnung um: Das, was als „innen" und was als „außen" gilt, wird prinzipiell uneindeutig. Am Ende treffen sich also die Minderheiten und Menschen wieder auf dem Feld der gemeinsamen Verantwortung, die wohl eher gefühlt als gedacht wird. Diese Form der Ethik ist aber soziologischer als Arendt es wahrhaben wollte, denn sie ist an die Partikularität gebunden, was dann auch heißt, dass man als konkreter Mensch an sein konkretes Dasein mit konkreter Verantwortung gebunden ist. Und dazu gehören natürlich auch die eigene Geburt und Geschichte. Vielleicht ist das Sollen immer ans Sein gebunden? Ich will damit auch sagen, dass alles, was in der Welt geschieht, moralische Bedeutung hat. Diese Verknüpfung zwischen Moral und Identität bedeutete, die Spannung zwischen Partikularismus und Universalismus aufrechtzuerhalten. Nicht alle Moralität beruht auf Identität, sondern die Identität, das ist die Antwort auf die Frage, wer wir im Endeffekt sind, ist ein Bestandteil der Moralität, da sie so leidenschaftlich und Teil unseres Lebens ist. 1917 konnte Rosa Luxemburg noch schreiben:

> *Was willst du mit den speziellen Judenschmerzen? Mir sind die armen Opfer der Gummiplantagen in Putumayo, die Negerin in Afrika, mit deren Körper die Europäer Fangball spielen, ebenso nahe. Ich habe keinen Sonderwinkel im Herzen für das Ghetto ... Ich fühle mich in der ganzen Welt zu Hause, wo es Wolken, Vögel und Menschentränen gibt. (Luxemburg 1958, S. 13)*

Das geht wohl nach 1945 nicht mehr. Wenn man keine Sonderwinkel im Herzen hat, dann hat man am Ende überhaupt keine Winkel mehr. Universalmaximen sind ohne die Leidenschaft der Identität nur leere Phrasen. Identität ist Teil unseres Lebens. Unsere Identitäten spielen eine Rolle, und unsere Identitäten zum Beispiel als Juden und Deutsche oder als Schwarze und Weiße spielen eine noch größere Rolle. Die Tatsache unserer Individualität koppelt uns nicht von unserem Kollektiv ab. Individualität ist ein soziales Produkt und als solches ein Produkt unserer Wurzeln und der Gefühle und Erinnerungen, die sozial und kollektiv erzeugt werden. Am Ende bleiben wir mit unseren Überzeugungen, die auf unserer Identität beruhen. Das kann eine soziologische Antwort auf den moralischen Universalismus der Philosophie sein. So spielt sich Mitgefühl in der Tat ab. Nicht als überall und immer geltender Universalismus, sondern näher an unserer eigenen Welt. Hier wird Mitgefühl nicht als die Praxis der Theorien der Aufklärung ausgehandelt, sondern auf der Erfahrung der Katastrophe. Es geht dabei darum, Denken und Fühlen, Moralität und Identität, das Sein und das Sollen kreativ miteinander zu verbinden. Das heißt dann auch, dass es dabei am Ende um menschliche Freiheit geht, die auf dem ersten Blick nicht kausal erklärbar sein kann.

Es ist uns klar, dass die Begründung der Menschenrechte heute universell bestimmt ist. Das heißt jenseits des Nationalstaates. Menschenrechte gehen von Menschen, nicht von konkreten in Gemeinschaften eingebetteten Staatsbürgern aus. Man kann davon ausgehen, dass im Zeitalter der Globalisierung kollektive Erinnerung nicht mehr auf einen territorial oder national fixierten Ansatz reduziert werden kann. Stattdessen orientieren sich neue Gedächtniskulturen an universalen Symbolen wie der „Allgemeinen Erklärung der Menschenrechte" und dem Begriff des „Verbrechens gegen die Menschheit." Damit wurden auch die moralischen Grundlagen für globale Institutionen der Gerechtigkeit geschaffen. Aus dem Negativen – aus der Erfahrung dessen, was nie hätten passieren dürfen und was nie wieder passieren darf – entstanden die UN-Konventionen der Allgemeinen Menschenrechte und der Versuch, den Völkermord als illegal zu erklären, bis hin zu dem Versuch durch internationales Recht zukünftige „Holocauste" zu vermeiden. Und ich zitiere nochmals aus der Präambel der Allgemeinen Erklärung der Menschenrechte:

... da die Nichtanerkennung und Verachtung der Menschenrechte zu Akten der Barbarei geführt haben, die das Gewissen der Menschheit mit Empörung erfüllen, und da verkündet worden ist, dass einer Welt, in der die Menschen Rede- und Glaubensfreiheit und Freiheit von Furcht und Not genießen, das höchste Streben des Menschen gilt ...[37]

Ich zitierte diesen Passus oben im Zusammenhang des „Nie Wieder". So heißt es in diesem 1948 verfassten Dokument also gerade mal drei Jahre nach Ende des Krieges. Der Holocaust wurde also zum Sinnbild der Barbarei und jeder darf sich nun bedienen, denn in diesem Diskurs gibt es keine Juden und keine Deutschen mehr. Es gibt nur Menschen und Menschheit, wie das auch im Begriff der „Verbrechen gegen die Menschheit" und der Entstehung eines moralischen und legalen Kodex gegen „Völkermord" klar wird. Der globale Umfang dieser Entwicklungen ist leicht zu erkennen. So lassen sich etliche Referenzen zum Holocaust in Debatten über Sklaverei und Kolonialismus finden. Viele afrikanische Intellektuelle bedienen sich eines Holocaustvokabulars, um ihren Ansprüchen gegen die früheren Kolonialmächte ein besonderes Gewicht zu verleihen. Im Menschenrechtsdiskurs gibt es zwei große moralische Narrative, die das 20. Jahrhundert definieren. Israel und die Juden befinden sich im Brennspiegel von beiden. Das eine ist der Holocaust und die historische Konsequenz für Juden, die in Israel den Garant ihrer Sicherheit sehen. Hier dient die Gründung des Staates Israel als Erlösung. Aber es gibt auch ein anderes moralisches Narrativ des 20. Jahrhunderts, in dem der Holocaust keine zentrale Rolle spielt. Hier stehen die Grausamkeiten des Westens gegen die Welt, die außerhalb des Westens steht, im Vordergrund. Nicht Holocaust, sondern Kolonialismus und Imperialismus sind in diesem Narrativ die semantischen Markierungen (Maier 2000). In diesem Narrativ sind Israelis weiße Siedler, Israel eine Siedlergesellschaft, die die eingeborene Bevölkerung unterwirft und als Handlager des Westens gesehen wird. Sicher sind diese beiden moralischen Narrativen nicht klar voneinander zu trennen, sondern sie sind sowohl in Geschichtsschreibung als auch in politischen Annährungen miteinander verknüpft. Dieses kolonialistische Narrativ, das anfänglich im Westen kaum wahrgenommen wurde, ist gerade in den letzten Jahren durch Einwanderung und globalem Medien in Europa angekommen und konkurriert mit dem Narrativ des Holocaust. Und bei dieser Konkurrenz geht es auch um das Mitfühlen der partikularen Schmerzen der jeweiligen Opfergruppe. Es war Hannah Arendt, die in ihrer Studie zum Totalitarismus, „Elemente und Ursprünge totalitärer Herrschaft" (zuerst 1951 auf Englisch erschienen) auf diese Verknüpfung hingewiesen hat. Bis heute sind ihre Thesen dazu heftig umstritten. Sie sah sowohl den Holocaust als auch den Kolonialismus (oder Imperialismus in ihrer Sprache) als Produkte des Westens, für den der Antisemitismus konstitutiv war und zum Holocaust führte. Aber Arendt hatte sicher nicht die Absicht, dass wir undifferenziert das Leiden der Menschen in den verschiedenen historischen Settings mitfühlen. Darum ging es ihr nicht, eher um das Verständnis der Ursprünge des Totalitarismus.

Auf der einen Seite wird von den aufgeklärten Eliten erwartet, sich den ausweitenden menschenrechtlichen Diskurs zu verpflichten, der selbst vom Schock des Holocaust angetrieben wurde. Dieser Diskurs gestaltete sich als Wegbereiter, nicht nur den Holocaust, sondern auch andere Verbrechen *mitzufühlen.* Auf der anderen Seite gehen so begriffliche Trennschärfen von Auschwitz als das singuläre Verbrechen verloren. Damit werden bestimmte für selbstverständlich gehaltene Wahrheiten infrage gestellt und deutsche Tabus aufgebrochen, wo das Mitfühlen für die Opfer des Holocaust fast schon zur Pflicht geworden ist. Ich glaube nicht, dass wir als Sozialwissenschaftler bestimmen können, warum Menschen ihre Entscheidung für einen universellen oder einen partikularen Standpunkt treffen, und die jeweilige politische Position erklärt nicht alles. Was ich als Soziologe besser bestimmen kann, ist, wie Akteure diese beiden Standpunkte miteinander und untereinander verhandeln. Oft wird eine universale Einstellung, also eine erweiterte Denkungsart, die sich nicht nur auf die eigene Gruppe beschränkt, als die moralisch überlegene Position gesehen, wobei in den Hintergrund tritt, dass sie selbst nur eine Position unter vielen ist. Dabei geht es uns nicht so sehr um die „Anerkennung der Andersheit" – einen inflationären und entsprechend kraftlosen Begriff. Es geht uns um eine Diskussionsgrundlage jenseits von ausweglosen Essenzialismen. Es sind gerade diese Debatten, die als jüdischer Binnendiskurs, aber auch mit der nichtjüdischen Umwelt geführt wurden, die diese Fragen als existenzielle Fragen aufreißen. Es gibt durchaus postkolonialistische Ansätze, in denen zentralen Fragen der jüdischen Geschichte wie Assimilation, Emanzipation, Exil, Minderheitsrechte, und Heimatlosigkeit grenzüberschreitend gelesen werden können (Cheyette 2014), oder auch die Frage gestellt wird, ob Zionismus eine subalterne Bewegung war und wie in diesem Zusammenhang innerjüdische Diskurse, aber auch jüdisch-nichtjüdische Beziehungen verstanden werden können.[38] Aus dieser Perspektive heraus, die beeinflusst durch europäische Unterdrückung Machtverwerfungen analysiert, gibt es weniger Hemmungen, Israel als weiße, europäische Kolonialmacht zu beschreiben, und nicht mitfühlend Israel aus der jüdischen Geschichte heraus zu verstehen. Aber es gab auch andere Ansätze. Schon 1914 hatte Frank Kafka einen Text *In der Strafkolonie* geschrieben, der metaphorisch das Schicksal der Opfer des Kolonialismus zeitlich nach hinten und das Schicksal der Juden zeitlich in die Zukunft las. Arendt war eine große Bewunderin von Kafka und bemühte sich schon in den 1950er Jahren um eine gemeinsame Lektüre von Rassismus und Antisemitismus, von Kolonialismus und Holocaust. Arendt hat versucht, die Judenvernichtung in Europa und die kolonialistischen Ausschreitungen in Afrika gemeinsam zu lesen, eine Leseart, die ein halbes Jahrhundert später kaum vorstellbar wäre. Das hat weniger mit historischer Genauigkeit zu tun, denn darüber lässt sich in der Tat streiten, sondern mehr mit

Konkurrenzdenken und einer wohl falschen Einsicht, dass Mitgefühl begrenzt ist und nicht gleich verteilt werden kann. Heutzutage hat die postkolonialistische Theorie Probleme, die jüdische Geschichte als eine Geschichte der Minderheiten zu lesen und zu verstehen. Das hat natürlich verschiedene politische Gründe: der Anteil der Juden an der Kolonialgeschichte, der Partikularismus des Zionismus als politische Ideologie und die gleichzeitige „Weißwerdung" amerikanischer Juden, die zum Konflikt mit Afro-Amerikanern in den USA führten.

Es ist durchaus möglich, transnationale Debatten historisch einzubetten und zu verankern. Dann wird es mit dem Mitgefühl kompliziert, da es zwischen verschiedenen Ansprüchen manövrieren muss. Das gilt insbesondere auch für Diskussionen über transnationale Gerechtigkeit, die über europäische Ansätze hinausgehen wollen. Das ist richtig für Jüdische Geschichte, aber es ist auch selbstverständlich, dass das für den souveränen Staat Israel weniger Resonanz hat, da dieser Staat diese Geschichte in seinem eigenen Selbstverständnis überwinden will. Das Kriegstribunal der UN für Ruanda hat sich in seiner Anklage gegen Personen, denen Medienhetze und Tötungsaufrufe vorgeworfen wurde, direkt auf den Nürnberger Präzedenzfall des Stürmerherausgebers Julius Streicher bezogen. Es ist also genau diese Universalisierung des Bösen, welche die metaphorische Kraft des Holocausts antreibt und die eine lokale Vereinnahmung im Falle von Menschenrechtsverbrechen ermöglicht. Dies hat mit einer Gedächtniskultur zu tun, welche sich demonstrativ an den Holocaust als einen formativen historischen Moment erinnert, in der die Rechte der Menschen völlig außer Kraft gesetzt waren und die Humanität der Opfer zum Objekt der Vernichtung wurde. Dabei spielt natürlich die aus der Psychoanalyse entliehene Formel des Traumas gut an, wobei dieser Begriff so weit gefasst wird, dass er aus der Medizin und Psychoanalyse nun auch ein Begriff der Erinnerungsforschung geworden ist. Wie der Begriff des Gedächtnisses selbst, stammt er eigentlich aus der Individualforschung und ist heute problemlos ein Begriff für Gruppen geworden. Die Kommunikation von Leid wird universal. Und nicht nur das. Alles Leid gilt als gleich und gleichwertig. Im Paradigma des Traumas ist jeder potenzielles Opfer oder Überlebender. Der fast nahtlose Übergang von Psychologie zur Geschichte, von Psychoanalyse zur Politik, vom Individuellen zum Kollektiven gehört zu diesem Trauma-Paradigma und ist Stärke und Schwäche zugleich. Hier zeigt sich das solidarische Mitgefühl nicht nur als ein nobles Ideal, das von menschlicher Größe ausgeht, sondern eine klare Herausforderung an unser Leben. Es geht darum, wie man nach der Katastrophe weiterleben kann. Trauma schafft auch neue Gemeinschaften.[39] Wenn Mitgefühl in irgendeiner Form überhaupt Sinn macht, dann nur, wenn sowohl das Allgemeine als auch das Besondere bewahrt bleiben, ohne dass man Gefahr läuft, das eine auf das andere zu verkürzen. Es ist daher auch notwendig, solche transnationalen Debatten historisch einzubetten und zu verankern.

Aber das ist nicht genug. Das Leiden anderer zu fühlen ist auch ein Wunder (im Arendt'schen Sinne), was sowohl politisch als auch religiös zu verstehen ist. In diesem Sinne bedeutet das liberale Mitgefühl zugleich universelle und lokale Werte, die Menschen emotional engagieren, von der Stufe der abstrakten Philosophie in die Emotionen der Menschen, ja ins Herz der Menschen zu tragen. Diese Werte werden Teil der persönlichen Identität von Menschen und dadurch auch politisch bedeutsam. Denn ohne eine gewisse sprachlose Emotionalität ist im globalen Zeitalter der Individualisierung keine Politik mehr möglich. Diese Emotionen werden auch in Ritualen verkörpert und verstärkt und auch in Gemeinschaften verankert. Genau das ist im Übergang von griechischer Philosophie zu synkretistischen Religionen geschehen. Nun, das ist nicht nur historisch relevant, sondern betrifft uns noch heute. Die wichtigste synkretistische Religion, die aus der Hellenistischen Zeit stammt ist das Christentum, eine Kombination von universeller Hellenistischer Philosophie (Stoizismus und Neo-Platonismus) mit lokalen religiösen Vorstellungen (wie z. B. messianisches Judentum). Gemeinsam änderten sie den elitären Ethos des Stoizismus in die christliche Massenreligion. Und was viele heute selbstverständlich als universale mitfühlende Moral akzeptieren, ist natürlich eine säkularisierte Form christlichen Glaubens. Dieser Punkt ist wichtig, denn wenn man Menschenrechte als säkularisierte Religion betrachtet und nicht nur als abstrakte Philosophie, dann versteht man die Zentralität dieser Ideen in ihrem emotionalem Engagement. Und das heißt auch, dass es hier um Symbole und Rituale geht und nicht nur um das gesprochene und geschriebene Wort. Und man versteht die Heftigkeit der Debatte besser, geht es doch im Grunde um Glaubensfragen. Das bedeutet, dass sie es durch Symbole und Rituale zum integralen Teil der gläubigen Menschen selbst wird. Gerade dieser letzte Punkt ist wichtig für die Politik des Mitgefühls: das Gefühl von Menschen, dass sie etwas Falsches tun, wenn sie das Leiden Fremder ignorieren. Säkulare Moral ist damit mit Religion nicht nur vergleichbar, sondern hängt eng mit ihr zusammen. Was säkulare Moral religiös macht, ist der Umstand, dass sie auf Glauben beruht. Es geht um nicht mehr hinterfragte Sicherheiten, so zum Beispiel, dass Gleichheit gut ist, dass Demokratie etwas Gutes ist, das Mitgefühl gut ist und Leiden schlecht. Woher wissen wir, dass das wahr ist? Wir wissen es einfach, wir glauben es. Und dieser Glaube ist es, der die mitfühlenden Menschen heute definiert. Dazu gehört auch ein transzendentaler Horizont, der die Alleinherrschaft des Menschen über sich selbst kontinuierlich infrage stellt.

Mitgefühl und Furcht

Wie und wo beginnen? Ich hatte vorher schon Judith Shklar erwähnt, die klar behauptete: Am Anfang der liberalen Theorie und Praxis steht die Furcht. Furcht vor Schmerz, Furcht vor Grausamkeit, Furcht vor gewaltsamen Tod. Der verwundbare Körper steht im Mittelpunkt einer solchen pluralistischen Theorie. Hier kann man den Ursprung einer neuen Aufklärung und damit auch einer negativ formulierten, auf Tabus bestehenden Theorie und Praxis finden. Dahinter steht auch die Furcht vor der Alternative. Pluralistische Tabus stützten sich auf die Erinnerung an historische oder fiktive Ereignisse, die davon erzählen was passiert, wenn Tabus gebrochen werden. Sie basieren nicht auf der Hoffnung auf bessere Zeiten, sondern auf der Furcht vor Schlechteren. Historisches Gedächtnis gehört genauso dazu wie die soziologische Fantasie. Zukunftsforschung und Vergangenheitsforschung ergänzen sich. *Nie Wieder* kann auch auf der Fantasie von möglichen Alternativen beruhen. Nicht um das Prinzip Hoffnung für eine bessere Welt geht es, sondern um die Furcht, dass die Welt schlechter wird. Es geht also um die Furcht was passiert, wenn diese Pluralität außer Kraft gesetzt wird. Das heißt natürlich auch, dass der Pluralismus oder auch Liberalismus der Furcht eine Theorie und Praxis der Vermeidung beinhaltet. Dazu muss man aber wissen, was vermieden werden kann und soll. Es geht darum zu wissen, was nicht geht und nicht darum, was gehen soll. Es geht also um Urteilskraft und die Fähigkeit, Bösen vom Guten zu unterscheiden. Dieses ist aber nicht nur eine geistige Angelegenheit der richtigen Einstellung, sondern beginnt mit dem Körper und seiner Verwundbarkeit. Das hat sich historisch auch über die Holocausterinnerung entwickelt (Levy und Sznaider 2001). Die Relevanz des Holocausts für das Vorhaben, die Konturen eines entstehenden mitfühlenden für die Menschenrechte zu skizzieren, ist nicht nur auf seinen ikonenhaften Status beschränkt. Die Erinnerung an den Holocaust ist mit dem Schicksal und der Rolle der Juden verknüpft, jedoch nicht nur als dessen Opfer, sondern auch als Personifizierung der Moderne und des Pluralismus. In der Zeit vor dem Zweiten Weltkrieg lebten Juden in der Spannung zwischen Universalismus und Partikularismus; sie waren zu universal um partikular zu sein, und zu partikular um universal zu sein. Juden sind nicht nur die Träger dieses Prozesses, sondern wurden auch für ihn verantwortlich gemacht. Schafft man es Juden zu dämonisieren, dann dämonisiert man die die Moderne selbst, die diese Prozesse des Mitgefühls ins Leben riefen. Der Kampf gegen das solidarische Mitgefühl ist also auch der Kampf gegen die Juden selbst.

Die Juden Europas stellten die drei Homogenitätsprämissen, die stets nationalstaatlich geprägt und begrenzt gedacht wurden, infrage: „Homogenität von Raum und Zeit, Homogenität von Raum und Bevölkerung und die Homogenität von Vergangenheit und Zukunft." (Beck/Bonß 2001, S. 22) Die Vernichtung der europäischen Juden stellte den fanatischen Versuch eines ethnonationalen Deutschlands dar, die transnationalen jüdischen Kulturen und Gesellschaften im Herzen Europas auszumerzen. Aber nicht nur um die Ausmerzung der Menschen ging es bei diesem Projekt, sondern auch um das grenzübergreifende Mitgefühl. Die Nazis wollten nicht nur die Grenzen der Volksgemeinschaft neu ziehen, sondern auch die Grenzen des Mitgefühls. Wie die Adligen in vormodernen Zeiten wollten sie das universalisierte Mitgefühl zurückschrauben. Die europäischen Juden repräsentierten im antisemitischen Bewusstsein der nationalstaatlich orientierten Moderne alles, was dem extremen Nationalismus gefährlich sein konnte: Sie galten als Repräsentanten des Universalen, des Wurzellosen, des Internationalen, des Abstrakten, das im krassen Gegensatz zu allem Lokalen, Verwurzelten und Konkreten stand, in Kürze dem Unglück. Die Juden „mitleidslos" zu vernichten stellte damit auch eine Alternative zum Liberalismus dar. Sind es vielleicht auch gerade aus diesem Grund sogenannte „imperiale" oder auch kosmopolitische Juden wie Raphael Lemkin, der den

Begriff des Völkermordes prägte oder Hersh Lauterpacht, der die moderne Idee der Menschenrechte kodifizierte, oder Hans Kelsen, der zum Protestantismus konvertierte und in seinen Theorien den rechtlichen Kosmopolitismus des römischen Reiches wiederbelebte?[40] All diese Denker versuchten das Mitgefühl für Fremde zu universalisieren und rechtlich zu kodifizieren. So wie zum Beispiel der Begriff „Genozid" (Völkermord) 1943 durch den eben erwähnten polnischen Juden namens Raphael Lemkin in die Welt gesetzt wurde? Zweifelsohne diente der Holocaust als Auslöser für Lemkins Bemühungen, die Welt durch eine UN-Konvention vor der systematischen Vernichtung bestimmter Gruppen zu warnen. Der Begriff des Völkermords war dabei jedoch keinesfalls synonym mit der Judenvernichtung. Wie aus seinem 1944 veröffentlichten Buch *Axis Rule in Occupied Europe* (das erste Mal, dass der Begriff Genozid im Druck erscheint) ersichtlich wird, benutzte Lemkin den Begriff des Völkermordes nicht als besonderes Merkmal der Judenverfolgung, sondern als allgemeine Referenz zur Besatzungspolitik der Nazis. Lemkin rechtfertigte sein Vorhaben mit Hinweisen auf Völkermordversuche vor und nach dem Holocaust. Gleichzeitig war er darum bemüht, den Holocaust nicht als eine ausschließliche Bedrohung für das europäische Judentum zu präsentieren, sondern konzentrierte sich auf die nationalsozialistische Unterwanderung europäischer Rechtstraditionen. Auch hier steht natürlich die Frage im Vordergrund, warum Lemkin und Intellektuelle und Praktiker wie er, mit den Opfern organisierten Massenmords mitfühlte. Obgleich er seine gesamte Familie im Holocaust verloren hatte, weigerte er sich, ihn als ein ausschließlich an den Juden vergangenes Verbrechen zu betrachten. Heute gilt er als einer der Pioniere der kosmopolitischen – und ich würde hinzufügen, mitfühlenden – Rechtsprechung und der Anerkennung von Völkermord als Verbrechen. Jeder, der sich heute bemüht, Verknüpfungen zwischen der Judenvernichtung und Völkermorden herzustellen, die an anderen Gruppen begangen wurden, beruft sich auf die Arbeiten von Lemkin. Hier geht es in erster Linie um institutionalisiertes Mitgefühl. Menschenrechtspolitik wird heute oft als ein natürlicher Prozess, fast schon als Evolution gesehen. Dahinter steckt der Fortschrittsgedanke, der Menschen aus ihrer nationalen und ethnischen Unmündigkeit befreit und sie in universale Figuren verwandelt. Das bedeutet jedoch nicht, dass die Verknüpfung zwischen Recht, Staat und Nation je aufgehoben wurde. Als am Ende des Ersten Weltkriegs die Imperien zusammenbrachen und ethnische Nationalstaaten auf ihrem Boden entstanden, entstand auch eine neue Kategorie von Mensch, eine Kategorie, die für die Juden entscheidend wurde – die Kategorie der ethnischen Minderheit. Das Problem der nationalen Minderheiten und insbesondere der jüdischen Minderheit war ein europäisches politisches Problem, das seinen Schatten bis in die heutige Gegenwart hinein wirft. Nicht dass die Juden die einzige Minderheit waren, dies war keineswegs der Fall, doch sie standen stellvertretend für die anderen Minderheiten, ja verschärften das Minderheitenproblem auch deswegen, weil es ihnen an einem „Mutterstaat" mangelte. Diese Minderheiten sollten durch internationale Vereinbarungen und Institutionen geschützt werden. Da Juden diesen „Mutterstaat" nicht hatten, der für ihre Sicherheit aufkommen konnte, waren sie mehr als andere Minderheiten auf internationalen Schutz angewiesen. Dass diese Garantien zusammenbrachen und dass der Ort der Judenvernichtung dort stattgefunden hat, wo die Minderheitenschutzverträge hätten tragen sollen, ist heute natürlich Teil der jüdischen Erinnerung und begründet auch das Misstrauen dieser Erinnerung gegenüber internationalen Garantien und der eher restriktiven Mitgefühlspolitik unter diesen Menschen. Die Institution des Völkerbundes, die die ethnischen Minderheiten schützen sollte, erwies sich im Endeffekt dazu als unfähig. Die nationale Souveränität war stärker als internationale Garantien, und das Scheitern des Völkerbundes stellte dann auch eine der ausschlaggebenden Erinnerungen dar, die die Vereinten Nationen nach dem Zweiten Weltkrieg dazu veranlassten, Minderheitenrechte zu vernachlässigen und stattdessen Menschenrechte und ihren Schutz zu institutionalisieren. Das würde dann auch bedeuten, dass Minderheitenrechte und Menschenrechte in der historischen Erinnerung nicht zusammen verstanden werden können. Doch eigentlich ist das Gegenteil der Fall. Die Konzentration auf Menschenrechte nach dem Zweiten Weltkrieg war die historische Antwort auf das Scheitern der Minderheitenrechte und deren Schutz. In der Erinnerung derjenigen, die die neue Weltordnung nach dem Zweiten Weltkrieg ausarbeiteten, waren Minderheitenrechte die Personifizierung dessen, was die europäische Ordnung zusammenbrechen ließ. Minderheitenrechte heißt in unserem Zusammenhang auch eine partikulare Mitgefühlspolitik. Menschenrechte (also institutionalisiertes Mitgefühl) waren die politische Antwort auf Minderheitenrechte, die dann wiederum auf Mitgefühl beruhten. Jedoch ist das Mitgefühl gegenüber Minderheiten anders strukturiert als das Mitgefühl gegenüber Menschen, die zur Mehrheit gehören. Minderheiten galten nach dem Zweiten Weltkrieg als potenzielle „Fünfte Kolonne" und Verräter. Man versuchte eine Form von Ordnung herauszuarbeiten und herzustellen, in der Menschenrechte ohne ethnischen oder nationalen Partikularismus verstanden werden konnten. Gleichheit und Verschiedenheit fungieren hier als sich ergänzende Prinzipien der Politik. Aber die Dichotomie zwischen Minderheiten- und Menschenrechte macht den Konflikt des Mitgefühls zwischen Universalismus und Partikularismus sehr deutlich.

Mitgefühl und Rettung

Diese theoretischen Fragen wurden während der Zeit der nationalsozialistischen Verfolgung auf den Prüfstand gestellt. Konnten Menschen (Fremde) andere Menschen (auch Fremde) auch unter großen Gefahren vor ihrem Schicksal bewahren? Man könnte annehmen, dass Helfer und Retter nicht wirklich soziologisch verstanden werden. Wie können diese Menschen Handlungsspielräume sehen, wo andere keine sehen? Ist das Zufall? Handelt es sich um moderne Heilige und können soziologisch nicht bestimmt werden? Was bedeutet eine soziologischer Perspektive in diesem Fall? Das sind schwerwiegende theoretische Fragen, wenn wir über Mitgefühl reden wollen. Handlungsspielräume wahrnehmen heißt dann auch, dass wir eine Wahl haben. Denn die Alternative lautet, keine Wahl mehr zu haben, was auch heißen mag, dass die Radikalisierung der Moderne ihre schleichende Auflösung bedeutet. Das heißt alles nur, dass der exzessive *tabulose* Gebrauch von Möglichkeiten und Freiheiten die Freiheit am Ende aufhebt. Die Prinzipien der Moderne werden durch die radikalisierte Modernisierung infrage gestellt. Es geht daher um nicht weniger, als den verschmähten Begriff der Humanität und des Humanismus – also das Mitgefühl – wieder in den Mittelpunkt zu rücken. Den Rettern zu gedenken kann in der Tat ein Schritt dazu sein. Dazu gehört auch ein transzendentaler Horizont, der die Alleinherrschaft des Menschen über sich selbst kontinuierlich anzweifelt. Es ist daher auch kein Zufall, dass wir eine hohe Zahl religiöser Menschen unter den Rettern finden. Oder sollten wir lieber über den aufgeklärten Rationalismus reden? Gott oder Kant? Aber das allein genügt wohl nicht. Man sollte hier vorsichtig mit der Geschichte umgehen, damit am Ende nicht ein universell moralisierender Diskurs über den Rettungsbegriff das historische Urteilsvermögen ablöst. Es geht dabei natürlich auch um die Frage, wie weit der Kreis des „wir" gespannt werden kann. Wer genau ist der „Nächste", den wir lieben sollen wie uns selbst? Und wer kann uns hier von sentimentalem Kitsch bewahren, der uns sehr gerne erzählen will, dass wir nun alle Menschen seien? Auch in diesem Zusammenhang spielt das Prinzip des *Nie Wieder* eine Rolle. Die Formulierung des *Nie Wieder* kann auch auf der Fantasie von möglichen Alternativen beruhen. Nicht um das Prinzip Hoffnung für eine bessere Welt geht es uns dabei, sondern um die Furcht, dass die Welt schlechter wird, wenn dieser Horizont fehlt. Natürlich gibt es in dieser Perspektive einige Probleme und es stellen sich Fragen, die sich einer schnellen Beantwortung entziehen. Die Erinnerung an den Holocaust – einschließlich der Erinnerung an die Retter – wird in diesem Sinne zu einem Mahnmal an die allgegenwärtige Modernisierung der Barbarei. Darin drückt sich die historische Erfindung der national und staatlich entgleisten Moderne aus, die das moralische, politische, ökonomische und technologische Katastrophenpotenzial wie im Schreckensbilderbuch des Reallabors ohne Erbarmen und Rücksicht auf Selbstzerstörung entfaltet hat. In der Erinnerung an den Holocaust gewinnt der Bruch mit der Vergangenheit Macht für die Zukunft. Aber gerade darum soll es doch dabei gehen, wenn wir die Rettung zum Modell für eine zukünftige Zivilcourage nutzen. Die Globalisierung dieser Norm und der Holocausterinnerung sind mittlerweile zu einem integralen Bestandteil der europäischen Politik und Zivilgesellschaft geworden. Die Erinnerung an den Holocaust wird zu einer europäischen Erinnerung, die Europa dazu verhelfen kann, ein eigenes (wenn auch negatives) Wertesystem zu entwickeln. Die Rettung gehört gerade in diesen Rahmen dazu. Die so genannten „Gerechten unter den Völkern" – eine von Israels Gedenkstätte Yad Vashem ins Leben gerufene Institution, die nichtjüdische Einzelpersonen, die Juden während des Holocaust retteten, ehrt – werden vom Europarat als Vorbild und Muster für jungen Europäer universalisiert (Kübler 2012). Wie so oft, wird auch hier betont, dass es sich bei den „Gerechten" um einfache und gütige Menschen handelte, für die die Rettung Fremder eine Selbstverständlichkeit war. Bei der Ehrung wird auch oft hervorgehoben, dass es den Rettern nicht um Eigennutz gehen sollte. Nur wer selbstlos handelte wird geehrt, was natürlich die Rettung in den Bereich des Sakralen hebt. Die Bezeichnung „Gerechte unter den Völkern" stammt aus der jüdischen Tradition. Damit werden Nichtjuden gemeint, die sich an gewisse ethische Minimalvorlagen halten, die sogenannten „Noachidische Gebote", die für alle Menschen Gültigkeit haben. Es geht hier vor allen Dingen um die Individualisierung der Güte und des Guten.[41] Dies hat mit einer Gedächtniskultur zu tun, welche sich demonstrativ an den Holocaust als einen formativen historischen Moment erinnert, in dem die Rechte der Menschen völlig außer Kraft gesetzt waren und die Humanität der Opfer zum Objekt der Vernichtung wurde. Damit sollen dann die Retter zum Modell für die Zukunft werden. Die Geretteten selbst treten dabei in den Hintergrund zurück.

Dieses neue Europa, auf das sich natürlich nicht nur der Europarat beruft, ist politisch bewusst nach dem Zweiten Weltkrieg als Antithese zum nationalistischen Europa, und seiner physischen und moralischen Verwüstung aus der Taufe gehoben worden. Die Rettung steht daher auch sinnbildlich für die zu rettende Moderne. Dieses Projekt der Moderne ist auch ein Projekt des Widerstandes. Dieses zu konstatieren ist wichtig, weil darin zweierlei zusammentrifft: zum einen entzündet sich der Widerstand nicht an dem Zusammenbruch (das wäre zu einfach), aber an der erfahrenen Perversität der modernen Werte. Den Ausgangspunkt bildet demgemäß gerade nicht der Humanismus, den es durch die Retter zu retten gilt, sondern der Anti-Humanismus, nämlich die bittere Einsicht, dass totalitäre Regime sich immer auf eine Idee des „wahren Menschen" gestützt haben, um so jene Menschen, die sich diesem Ideal nicht fügen wollten, auszusondern, auszuschließen, umzumodellieren oder zu vernichten. Da gibt es keinen Handlungsspielraum. Wenn es aber nicht mehr die humane Substanz ist, die es zu retten gilt, wenn wir es mit einem dezentrierten Quasi-Subjekt zu tun haben, von dem man nicht mehr sagen kann, was es ist, was es will und was an ihm überhaupt noch unantastbar ist – was gilt es dann zu bewahren? Im Namen wessen kann man überhaupt wissen, dass jemand würdig ist, gerettet zu werden. Wie formuliert man also Handlungsspielraum? Ist Mitgefühl dafür genug. Genau hier werden die Quellen des Widerstandes wichtig, in denen sich die Bedingungen des erfahrenen Mitfühlens, der Solidarität und der verteidigten menschlichen Würde spiegeln. Das steckt wohl hinter dem politischen Konzept, welches das Retten in extremen Situationen zum Modell in nicht extremen Zeiten anwenden möchte. In einem entschiedenen Bruch mit der Vergangenheit soll der Holocaust für die Zukunft neu bestimmt werden. Das war auch deutlich in der Formulierung des „Verbrechens gegen die Menschheit", die in den Nürnberger Prozessen stellvertretend für die Vernichtung der Juden genutzt wurde. Wenn der Staat zum Verbrecherstaat wird, muss der Einzelne, der ihm dient, mit der Anklage und der Verurteilung seiner Taten vor einem internationalen Gerichtshof rechnen. Die andere Seite dieser Münze ist dann der einzelne, der sich dem entzieht und imstande ist zu retten. Neue Helden braucht das neue Europa. Es wäre in Europa schwer nachzuvollziehen, wenn diese Helden den Tod trotzende Helden und Heldinnen wären, Juden und Jüdinnen, die wie die Ghettokämpfer den sicheren (und würdevollen) Tod dem versklavten Leben vorziehen. Die Reflexion über den Holocaust hat mit guten Gründen auch einen Verzweiflungsdiskurs hervorgebracht. Es kann keine Erlösung aus ihm gefolgert werden. Wir müssen natürlich vorsichtig sein aus dem empirischen Material, das wir zur Verfügung haben, irgendwelche allgemeingültigen Wahrheiten herauszuarbeiten. Kann das wirklich funktionieren, dass wir uns wirklich handelnde Menschen unter den extremsten Bedingungen betrachten und daraus Schlüsse ziehen, wie Menschen wirklich sind – entweder Abgrund tief gut oder schlecht? Ich glaube, wir geben uns romantischen Fiktionen hin, wenn wir behaupten wollen, dass der Ausnahmezustand uns mit privilegiertem Wissen über das Fundamentale, aber normalerweise Verborgene liefert. Nach Horkheimer und Adorno ist es die Aufklärung selbst, deren Dialektik die Perversion hervor treibt. Diese Kausalitätsvermutung von Modernität und Barbarei wirkt auch in Zygmunt Baumans Buch „Die Moderne und der Holocaust" fort. Sie sind natürlich nicht die Einzigen. So ernst wir dies nehmen sollten, so kann dieser verzweifelte Abschied von der Moderne nicht das letzte Wort sein. In dieser Auffassung kann Mitgefühl nicht bestimmt werden. Es ist von außen kommend und nicht Teil der Sozialstruktur, die ja selbst für das Ende des Mitgefühls verantwortlich gemacht wird. Aber das ist unhistorisch, so zu argumentieren. Bauman weigert sich, die historischen und strukturellen Bedingungen zu erkennen, die das moralische Individuum erst haben entstehen lassen. Die abstrakten zwischenmenschlichen Beziehungen werden von ihm entweder nicht erkannt, oder als Entfremdung nicht richtig eingeschätzt. Es handelt sich um verschieden Beschreibungen der Wirklichkeit. Dieser Abschied der Moderne ist sogar blind dafür, dass mit der Erinnerung ein Ringen um Institutionen mit dem Ziel beginnt, dem europäischen Horror mit europäischen Mitteln und Werten zu begegnen: Die Alte Welt erfindet sich neu. Es ist natürlich angesichts des Holocaust nicht einfach zu argumentieren, dass Mitgefühl als moralisches Gefühl und als humanitäre Praxis existiert. Moderne Gesellschaften liefern viele Beispiele für den Kampf gegen Grausamkeit, aber können wir wirklich behaupten, dass die moderne Gesellschaft eine mitfühlende Gesellschaft ist?

Gerade im Blick auf das 20. Jahrhundert öffnen sich Bilder des Grauens, der Massenvernichtung, des Völkermords. Überall, wo man hinsieht, grausames und abscheuliches Verhalten, mehr als zu anderen Zeiten. Kann man daher nicht, wie gerade Bauman das tut, zu dem Schluss kommen, dass die Öfen der Vernichtungslager das Merkmal der Moderne sind und nicht Mitgefühl. Dass also der Holocaust die logische Konsequenz der Moderne ist. Reicht es aus, nur eine Sprache zu haben, die uns die Möglichkeit gibt, diese Schrecken als solche zu erkennen? Auch das ist natürlich wesentlich, wie würden wir sonst Grausamkeit als Grausamkeit erkennen und nicht als normalisierte Praxis? Kann es sein, dass wir Grausamkeit und Mitgefühl gemeinsam denken müssen? Wenn wir die moralischen Grundlagen der modernen Gesellschaft als Wechselspiel zwischen Mitgefühl und Barbarei begreifen, die sich zwischen Universalismus und Partikularismus hin und her bewegen, dann werden wir nicht nur den völligen Zusammenbruch der Ethik verstehen, sondern auch die ständigen Prozesse des Wiederaufbaus. Auch hier spielte die Französische Revolution eine Schlüsselrolle bei der Geschichte des Mitgefühls. Mit ihr kamen die Erklärung der Menschen- und Bürgerrechte in die Welt, wohl eines der Gründungsdokumente der modernen Menschenrechte. Mit ihnen wurde das Ideal der Gleichheit in Europa buchstäblich erobert. Aber die Französische Revolution war auch der Ort der schrecklichen Grausamkeit. Wie können diese beiden Dinge miteinander in Einklang gebracht werden? Hannah Arendt gibt eine direkte Antwort: Mitgefühl hat keinen Platz in der Politik, und wenn es so ist, dann führt es zu Grausamkeit. Sie glaubt, dass die Moderne mit dem Mob der Französischen Revolution beginnt und ihren Höhepunkt in der Massengesellschaft des Totalitarismus erreicht. Mitgefühl ist für sie das Gegenprinzip der Politik. Aber leidende Menschen müssen nicht in abstrakte Massen verwandelt werden. Die Gefahr besteht natürlich, und immer lauert Sentimentalität als Hintergrund der Politik. Ihr theoretischer Einfluss bestärkte eine ganze Tradition politischen Denkens, dass misstrauisch gegenüber modernen Formen der Politik ist, die nicht die Rationalität der Athener Polis teilen. Das läuft dann darauf hinaus, dass die Moderne tatsächlich das Ende des authentischen Mitgefühls bedeutet. Sollten wir daher die Formel umdrehen und behaupten, dass das moderne Temperament eher barbarisch ist? Horkheimer und Adorno radikalisierten es in ihrer *Dialektik der Aufklärung.* Foucault und Bauman setzten diese Ansicht für die Moderne fort. Für Foucault sind humanitäre Aktivitäten Ausdruck von Disziplin und Gewalt. Und Bauman und Agamben folgten ihm. Es ist die Moderne, die uns zu Barbaren macht. Das Lager ist eine moderne Institution. Aber stimmt das? Könnte man nicht gegen diese „Entweder-oder-Einstellung" argumentieren, dass die Moderne eine Form des Bewusstseins und des Seins ist, die sich ihres Potenzials für Grausamkeit bewusst ist und dann auch versucht, es in einem Prozess der Zivilisation zu überwinden? Aber dazu braucht es eine Sprache der Verbindlichkeit, was im Englischen „civilty" genannt wird, die wiederum den emotionalen und kognitiven Raum für die Anerkennung des Leidens anderer öffnet, also Mitgefühl möglich macht. Und kann es vielmehr sein, dass so unvollständig diese Anerkennung des Leidens anderer ist, diese emotionale und geistige Haltung nur in einer demokratischen Marktgesellschaft zum Ausdruck kommen kann? Geht es beim Holocaust also um die Moderne an sich, oder um eine spezifische deutsche Moderne, in der der Zusammenbruch des Mitgefühls zum Vernichtungswillen geführt hat? Verstand sich die nazistische Moderne nicht nur als eine liberale und demokratische, sondern auch als eine heldenhafte Moderne, die gegen „jüdische Parasiten" verteidigt werden musste? Stand dahinter nicht die ständige Angst vor dem wahrgenommen Niedergang dieser heroischen Ethik, die gegen – und zu Recht muss man hier sagen – den Aufstieg des kommerziellen Kapitalismus (also gegen Juden) verteidigt werden musste? Mit den Juden sollte der anglosächsische Handelsgeist ausgetrieben werden, gegen die Feminisierung der Kultur gekämpft werden, gegen den seelenlosen Kapitalismus angegangen werden. Norbert Elias weist in seiner „Studie über die Deutschen" darauf hin, dass Ende des 19. und Anfang des 20. Jahrhunderts der soziale Status reicher Bankiers und Kaufleute deutlich niedriger war als der von hohen Beamten und Militärs. Elias schrieb über den bürgerlich geprägten Kriegerethos der wilhelminischen Gesellschaft. Dieses militärische Ethos dominierte auch bei vielen Industriellen dieser Zeit. Er unterschied die Begriffe „Kultur" und „Zivilisation"; Juden waren repräsentativ für die Zivilisation und die Deutschen für die Kultur. Juden standen für Geld und Abstraktion; kurz gesagt, im antisemitischen deutschen Geist stand der Jude für den wurzellosen Kapitalismus. Aber in einer anderen Denkweise ist es genau das Geld, das persönliche Beziehungen zu abstrakten transformieren kann und dadurch wird allgemeineres Mitgefühl erst möglich.

Wir haben es dem jüdischen Soziologen Georg Simmel zu verdanken, diese Verknüpfungen analysiert und damit auch die Gedanken der Schottischen Aufklärung weitergeführt zu haben. Simmel sah auch die Großstadt als den Ort der Freiheit und nicht als entfremdete Wüste, wie zum Beispiel der Soziologe Werner Sombart das sah. Aristokratisches Denken, in dem Mitgefühl nicht über die Standesgrenzen erweitert werden kann, wurde in Deutschland die Brücke zu Rassismus und Antisemitismus. Es war also nicht die Moderne, die die Juden vernichten wollte. Ganz im Gegenteil, es ging um die Ausmerzung der Moderne in Verkörperung der Juden. Und es ging auch darum, ihnen den aristokratischen Ehrentod zu verweigern. Den Holocaust als Konsequenz der Moderne zu betrachten bedeutet, Nazi-Deutschland als Konsequenz der Moderne zu betrachten und das ist wohl, die Ausnahme zur Regel zu machen. Aber mehr steht auf dem Spiel hier. Norbert Elias behauptet in seiner Studie über die Deutschen auch, dass wenige Nationen gleichermaßen dazu geneigt hätten, Helden in ihr Pantheon aufzunehmen, die in der Niederlage gestorben waren. Das ist ein interessantes Beispiel, da das Pantheon der Moderne eher aus leidenden Opfern und nicht mehr aus sterbenden Helden besteht. Elias begriff, dass das Merkmal unserer Gesellschaft die Fremdheit ist und dass dies nicht nur einen beklagenswerten Mangel an Engagement bedeutet, sondern vielmehr die höfliche Achtlosigkeit gegenüber anderen ist. Er, wie so viele andere jüdische Soziologen und Soziologinnen aus ihrer eigenen Situation begriffen, welch eine Errungenschaft Fremdheit sein kann. Eine Gegenposition ist diejenige, die das „Politische" als eine höhere Form des Lebens sieht, weil es den Bürgern um höheres geht als mit gleichgültigen Fremden in einer liberalen Gesellschaft konfrontiert zu sein. Zivilisation ist ein immer gefährdeter Prozess, der stets neu verhandelt werden musst.

Sein Leben für Fremde zu riskieren ist ein solches Beispiel für diese Neuverhandlung. Die Rettung, der Handlungsspielraum Einzelner, die „nein" sagen können, ist daher auch ein Teil der

Rettung der Moderne und seines Menschenbegriffs. Aber es existiert auch eine undurchschaute und ungebrochene Verbindung zwischen dem europäischen Pessimismus, Kritik der Moderne und der *Post*moderne, die die Verzweiflung auf Dauer stellt und damit auch die Rettung dort lassen möchte, wo sie historisch war. Es kommt in der Tat darauf an, was man will. Wo soll man hier ansetzen und suchen? Wir sollten uns Modelle für Zivilcourage natürlich auch in der Gegenwart suchen. Auf der anderen Seite können wir auch um institutionelle Antworten auf die Barbarei der europäischen Moderne ringen – und damit Abschied nehmen von der Postmoderne, die genau dieses verkennt und den Humanismus und das handelnde Subjekt verneint. Dieser Prozess ist unabgeschlossen und natürlich auch unabschließbar. Die radikal selbstkritische europäische Erinnerung an den Holocaust zerstört nicht, sondern konstituiert die Identität Europas. Sie kann Europa dazu bringen – paradox formuliert – seine Kontinuität im Bruch zu finden. Dafür zahlt man aber einen Preis. Das Motto *Nie wieder Auschwitz* und die verallgemeinerte Perspektive der Retter ertönt nun nicht mehr ausschließlich aufgrund einer partikularen Erfahrung mit dem Holocaust, sondern aufgrund des Wunsches, die täterzentrierte Erinnerung durch die Zeugen- oder sogar Retterperspektive zu ersetzen. Die ritualisierte Beschwörung von „Deutschlands besonderer Verantwortung" ist nun Teil eines allgemeingültigen globalen Diskurses der menschlichen Verantwortung geworden. Das mag auch gut so sein. Denn wenn man diese Verantwortung zu sehr historisiert, braucht man nicht überrascht zu sein, dass es neben der Banalität des Bösen, vielleicht auch eine Banalität des Guten geben kann. Aber das ist es wahrscheinlich nicht. Wie Arendt zu Scholem 1963 schrieb: „Tief aber und radikal ist immer nur das Gute." (Arendt/Scholem 2010, S. 444) Es bleibt trotzdem die Frage offen, inwieweit das Gute zu einem politischen oder öffentlichen Gut werden kann? Kann es überhaupt unterrichtet werden, als Modell für andere dienen? Kann das Verbrechen gegen die Menschheit in eine gute selbstlose Tat für die Menschheit umgewandelt werden? Nicht alle Moralität beruht auf Identität, aber die Identität, so lautet die Antwort auf die Frage, wer wir im Endeffekt sind, ist ein Bestandteil der Moralität, da sie so leidenschaftlich und Teil unseres Lebens ist. Kann daher die Aufopferung für den Anderen als politisches Programm eingefordert werden? Sicher: Wir haben eine universale Pflicht gegenüber der Menschheit. Deshalb gibt es das Verbrechen gegen diese Menschheit. Aber genügt es als Motiv, das eigene Leben zu riskieren? Viel wissen wir nicht, denn die Forschung über die Retter fand natürlich nach der Rettung statt und musste in die bekannten moralischen Kategorien eingeordnet werden. Menschen handeln in Extremsituation aus den verschiedensten Motiven und wir sollten es nicht darauf ankommen lassen, diese Motive auszuloten. Warum sollte die Rettung für Geld zum Beispiel als unehrenhaft gelten? Müssen die Motive rein sein, damit es eine erlösende Wirkung des Holocaust geben kann? Mitgefühl muss in der Tat nicht heilig sein. Wir wissen sehr wohl aus der Forschung, dass die Motive der Retter nicht nur rein waren. Es spielten viele Faktoren eine Rolle, die unter normalen Situationen als unmoralisch bezeichnet werden können. Es war die Extremsituation, die diese Grauzonen des Guten erzeugte. Wir wissen von Rettern, die es für Geld und andere Güter taten und wir wissen von Rettern, die überzeugte Antisemiten waren. Der Name Oskar Schindler mag hier stellvertretend stehen. Wie kann das heute als Vorbild gelten? Andere Forscher kamen zum Schluss, dass viele Retter außerhalb der Gesellschaft standen und nicht wie die meisten sozialisiert waren. Auch das ist natürlich als konkretes Bildungsprojekt problematisch. Nun, wie gesagt, gibt es eine berechtigte Kritik an dem Erlösungsgedanken des Holocaust, ob sie nun von Adorno oder Claude Lanzmann kommt. Aber diese Argumentation hat auch ihre Schattenseiten. Die Anti-Erlösungskritik kann nämlich genauso eine Falle sein wie der Erlösungsdiskurs. Hannah Arendt, die in ihrem Bericht über den Eichmannprozess in Jerusalem oft einen trockenen und sehr distanzierten Ton hatte, beschrieb eine Zeugenaussage, die von einem deutschen Feldwebel – Anton Schmidt – handelte, der vom Oktober 1941 bis zu seiner Hinrichtung im März 1942 jüdischen Partisanen mit gefälschten Papieren half. Ihr Ton änderte sich und wurde fast schon sakral:

Und in diesen zwei Minuten die wie ein plötzlicher Lichtstrahl inmitten dichter, undurchdringlicher Finsternis waren, zeichnete ein einziger Gedanke sich ab, klar, unwiderlegbar, unbezweifelbar: wie vollkommen anders alles heute wäre, in diesem Gerichtssaal, in Israel, in Deutschland, in ganz Europa, vielleicht in allen Ländern der Welt, wenn es mehr solche Geschichten zu erzählen gäbe. (Arendt 1964, S. 345).

Es geht hier auch um einen Moment jenseits der Geschichte und politischer Institutionen. Was bleibt ist der Gedanke an das Heilige. Denn was uns Arendt hier sagen will ist, dass die radikal selbstkritische europäische Erinnerung an den Holocaust nicht die Identität Europas zerstört, sondern ganz im Gegenteil sie konstituiert. Es geht ihr darum, die Liebe zur Welt wieder herzustellen. Es geht also hier um das Mitfühlen – die Fähigkeit, den Schmerz fremder Menschen in die eigene Welt mit einzubeziehen und das, obwohl Arendt es als politisches Sentiment ablehnte. Wie eine Flaschenpost, in Seenot aufgegeben mit der Hoffnung ans Herzland gespült zu werden. Aus den katastrophalen Folgen entstand, was Hannah Arendt das Neue, das Anfangen-Können des Politischen genannt hat. Und hier öffnet sich nicht nur die Unterscheidung zwischen Adolf Eichmann und Anton Schmidt, die so wichtig für Arendt war, sondern die Möglichkeit des Menschen frei zu handeln. Motive spielen dabei keine Rolle. Und auch die sie so genannte wahre Geschichte nicht. Es geht ums Glauben, um das Wunder der politischen Freiheit. Und darum, dass die Politik nun die Rolle der Religion einnehmen sollte. Ob das als Modell für eine verallgemeinerte Zivilcourage stehen kann, sei erst einmal dahingestellt.

Die Rettung steht absolut jenseits der Souveränität und jenseits der politischen Logik. Sie ist metaphysisch und tiefreligiös auch wenn sie nicht unbedingt an Gott glauben muss. Aber das kann auch politisch gedacht werden. Wir sind alle gleichartig und gleichwertig. Damit sind wir im Angesicht Gottes geschaffen als Menschen und Menschheit. Wie das „Verbrechen gegen die Menschheit" ist auch die Rettung des Menschen und damit auch die Gerechtigkeit unter den Völkern ein tief religiöses Konzept, da es nur über den einen Gott verstanden werden kann, der Menschheit möglich macht. Aber wir sollten auch die Worte des großen israelischen Schriftstellers Ahron Appelfeld nicht vergessen, der im seinem Roman „Der Eiserne Pfad" (1999) schrieb: „Mein Gedächtnis ist auch mein Ruin." (S. 11) Die Pflicht des Erinnerns kann auch am Ende nur noch rituellen Belangen dienen. Die Erinnerungspflicht hat es noch nie geschafft, neuen Grausamkeiten effektiv zu begegnen. Aber so soll und kann es nicht enden. Enden wir lieber mit dem Optimismus von Arendt, die ihre Geschichte von Anton Schmidt so beendet:

> *Denn die Lehre solcher Geschichten ist einfach, ein jeder kann sie verstehen. Sie lautet, politisch gesprochen, dass unter den Bedingungen des Terrors die meisten Leute sich fügen, einige aber nicht. So wie die Lehre, die man aus den Ländern im Umkreis der „Endlösung" ziehen kann, lautet, dass es in der Tat in den meisten Ländern geschehen konnte, aber dass es nicht überall geschehen ist. Menschlich gesprochen ist mehr nicht vonnöten und kann vernünftigerweise mehr nicht verlangt werden, damit dieser Planet ein Ort bleibt, wo Menschen wohnen können. (Arendt 1964, S. 347)*

Ein schwacher, aber immerhin ein Trost. Kann man so eine menschliche Solidarität zum einem Bildungsprinzip erklären. Hier sollte man natürlich bescheiden bleiben. Denn wenn die Geschichte und die Institutionen zusammenbrechen, dann wollen wir natürlich an die menschliche Solidarität jenseits der Geschichte und Institutionen appellieren. Alles andere wäre unmenschlich. Aber vielleicht solle man damit mit der Einsicht beginnen, dass wir alle verwundbare Menschen sind. Ein empirisches Beispiel, dass für viele andere stehen soll: Zakynthos. Eine idyllische griechische Insel. Wie geschaffen zum Urlaub. Aber hinter der Idylle des Pauschalurlaubs versteckt sich im wahrsten Sinne des Wortes eine unglaubliche Geschichte aus dem Jahre 1944. Die Nazis übernahmen die Insel, nachdem die italienischen Besatzer abzogen waren. Sie begannen wie auf allen anderen Inseln der Umgebung mit der Deportation der Juden. Aber nicht auf Zakynthos. Dort retteten die Zakynther die 275 Juden der Insel. Fast alle überlebten, weil es der Bischoff, Bürgermeister und die Bevölkerung so wollten. Viel ist nicht über diese Geschichte geschrieben worden. In den Reiseführern gibt es ein paar Sätze, aber sonst nicht viel. Sogar viele Zakynther wissen über diese Geschichte nicht Bescheid. Nur ein kleines Mahnmal auf dem Ort der ehemaligen Synagoge, die 1953 durch ein Erdbeben zerstört wurde, erinnert an die Geschichte. Warum wurden alle 275 Juden von den Zakynthern versteckt und nicht den Nazis ausgeliefert? Die Boote der Nazis waren unterwegs und die Juden der Nachbarinseln Kefalonia und Korfu auf dem Weg zur Deportation. Nichts einfacher für die Zakynther, sich wie ihre Landsleute dort zu verhalten. Aber sie taten es nicht. Die gesamte jüdische Gemeinde von Zakynthos überlebte, weil der Bürgermeister und der Bischoff von dort es so wollten und die Zakynther damit einverstanden waren. Die Rettung der Juden Zakynthos war eine bewusste Tat, keine Konsequenz des Nichthandelns. Handlungsspielräume wahrnehmen heißt dann auch, dass wir eine Wahl haben. Denn die Alternative lautet keine Wahl mehr zu haben. Die Zakynther haben gezeigt, dass das nicht vorbestimmt ist. Es war Bischoff Chrysostomos, der in Deutschland in den 20er Jahren studierte, der seinen eigenen Namen und den des Bürgermeisters Loukas Carrer auf die von den Nazis geforderte Judenliste setze. Sonst gab es keinen weiteren Namen auf der Liste. „Hier sind Ihre Juden“ sagte er dem deutschen Kommandanten und händigte ihm die Liste aus. Die Geschichte von Zakynthos ist daher wie eine Flaschenpost, in Seenot aufgegeben mit der Hoffnung ans Herzland gespült zu werden. Heute gibt es auf Zakynthos keine Juden mehr. Sie verließen die Insel, die letzten von ihnen 1953 nach dem zerstörenden Erdbeben.[42] Die meisten von ihnen und ihre Nachfahren leben heute in Israel. Sie wurden im ehemaligen arabischen Dorf „Salame", das heutige Kfar Schalem im Süden Tel Avivs angesiedelt. Auch das ist eine Folge des *Nie Wieder.*

Aber so einfach können wir es uns nicht machen. Ein Beispiel für die Pervertierung der Sprache des Mitgefühls können wir einer Gegengeschichte zu Zakynthos lesen. Das Jahr ist 1965, der Ort der Auschwitzprozess von Frankfurt. Dort benutzte der Strafverteidiger Hans Laternser eine rhetorische Wunderwaffe, um die „Unschuld" seiner Mandanten zu beweisen. Laternser bestritt nicht, dass es eine Endlösung gab. Sie war von Hitler geplant. Die Endlösung bedeutete die Ermordung aller Juden. Und dies geschah auch in Auschwitz. Das heißt, dass für Laternser die Juden eigentlich schon tot waren, als sie in Auschwitz ankamen. Die Selektion an der Rampe von Birkenau war ein Aufhalten des Mordplans. An den Selektierten wurde der schon beschlossene Mord nicht durchgeführt. Das heißt also auch, dass das Auswählen von Personen an der Rampe kein Mord war, sondern ganz das Gegenteil: Tote wurden wieder lebendig gemacht. Es war eine Lebensrettungsaktion. Selektion als Lebensrettung. Das kann nur Sprache schaffen. Nun ist das natürlich absurd, aber die Aufgabe eines Strafverteidigers, der einen absurd schuldigen Mandanten hat, ist es, dessen Unschuld in ebenso absurder Weise zu beweisen. Natürlich wurde hier auch eine grundlegende Paradoxie in der deutschen Rechtsprechung angewendet. So hörte sich das im Originalton von Laternser an:

Mit dieser Beweiserhebung soll dargetan werden, daß aus dem Kreise der vom nationalsozialistischen Gewaltregime zum Tode bestimmten

Juden in Europa infolge der Selektionen eine erhebliche Anzahl die Lagerzeit überstehen konnte. Mit der Erhebung dieses Beweises würde jedenfalls die tatsächliche Bedeutung der Selektionen ihrem Umfange nach übersehen werden können. (Dirks 2001, S. 174 f.).

Selektionen waren also Rettungsaktionen. Die Opfer waren ja schon praktisch „tot" bevor sie ins Lager kamen. Und nur Hitler war schuld. Ein eigener „Tatwille" – so die Verteidigung – existierte bei den Angeklagten nicht. Nur ein pervertiertes Mitgefühl. Nun kam noch dazu, dass der Auschwitzprozess kein Menschenrechtsprozess war. Auch wurde er nicht als Verbrechen gegen die Menschlichkeit abgehandelt. Es war kein internationaler Prozess, sondern ein nationaler Strafprozess, der sich nationalen Gesetzen bedienen musste. In diesen Gesetzen gibt es nichts Schlimmeres als Mord. Und dieser Mord muss vorsätzlich mit krimineller Absicht durchgeführt werden. Es ist in dieser Sprache kein Raum für den administrativen Mord. Waren das „Personal" von Auschwitz gemeine Mörder? Zur damaligen Zeit gab es noch keine legale Handhabe gegen „Feinde der Menschheit". Ein wichtiger Ausdruck der Bereitschaft, sich auf die Prinzipien des Menschenrechtsregimes einzulassen, bezieht sich auf die Frage, ob „legale Erinnerungen" an Menschenrechtsverbrechen in mitfühlende Rechtsparameter eingebunden sind. Mitfühlendes Recht ist eine neue Form des Rechts, da sich seine Autorität nicht aus staatlicher Souveränität speist, sondern aus einer Reihe von supranationalen Prinzipien, Praktiken und Institutionen. Mitfühlendes Recht stellt den Schutz von Individuen und Gruppen vor Bedrohungen ihres eigenen Staates in den Vordergrund und ist damit eine Antwort auf die Unangemessenheit von Nationalismus und seiner Aktualisierung im Nationalstaat (wie das im Auschwitzprozess deutlich wurde). Mitfühlendes Recht beginnt und endet mit „Verbrechen gegen die Menschheit" und „Feinde der Menschheit". Hätte man einen anderen Prozess in Auschwitz geführt, hätte ein großer Teil der westdeutschen Elite vor Gericht stehen müssen. Können Staaten überhaupt vor Gericht sitzen, wenn es um Verbrechen krimineller Staaten geht? Was ist die Rolle der eigenen Verantwortungen im administrativen Massenmord? Wie sehr die Sprache gelitten hat, wird nochmals besonders deutlich, wenn wir uns eine Rede von Heinrich Himmler vom 4. Oktober 1943 vor SS-Offizieren in Posen vor Augen halten. Diese Rede ist auch unter dem Aspekt des Mitgefühls wichtig. Dort sagte Himmler unter anderem:

Ich meine die „Judenevakuierung": die Ausrottung des jüdischen Volkes. Es gehört zu den Dingen, die man leicht ausspricht. „Das jüdische Volk wird ausgerottet", sagt Ihnen jeder Parteigenosse, ‚ganz klar, steht in unserem Programm drin, Ausschaltung der Juden, Ausrottung, machen wir, pfah!, Kleinigkeit'. Und dann kommen sie alle, alle die braven 80 Millionen Deutschen, und jeder hat seinen anständigen Juden. Sagt: alle anderen sind Schweine, und hier ist ein prima Jude. Und zugesehen, es durchgestanden hat keiner. Von Euch werden die meisten wissen, was es heißt, wenn 100 Leichen beisammen liegen, wenn 500 daliegen oder wenn 1000 daliegen. Und dies durchgehalten zu haben, und dabei -- abgesehen von menschlichen Ausnahmeschwächen -- anständig geblieben zu sein, hat uns hart gemacht und ist ein niemals genanntes und niemals zu nennendes Ruhmesblatt. Denn wir wissen, wie schwer wir uns täten, wenn wir heute noch in jeder Stadt bei den Bombenangriffen, bei den Lasten des Krieges und bei den Entbehrungen, wenn wir da noch die Juden als geheime Saboteure, Agitatoren und Hetzer hätten. Wir würden wahrscheinlich in das Stadium des Jahres 16/17 jetzt gekommen sein, wenn die Juden noch im deutschen Volkskörper säßen.[43]

Besonders das „anständig geblieben sein" zeugt von der Korruption der Basisprinzipen der Moderne wie das Mitgefühl durch die Nationalsozialisten. Die SS bewahrte sich ihre moralischen Tugenden. Das ist die Radikalität der Transgression, die über keine Tabus mehr verfügt. Morden, vernichten und gleichzeitig „anständig" geblieben zu sein, das ist der Bruch mit der Moderne.

Sicherlich glaubt die klassische kritische Theorie, dass es wissenschaftlich tragbarer sei, die Täter „ähnlich“ als Normalmenschen zu bezeichnen. Daran knüpft sich dann auch eine vernichtende Kritik der Moderne an.

Mitgefühl und die Nürnberger Prozesse

Ja, es ist gerade die Moderne, die radikales Zerstörungspotenzial unter der Maske der Zivilisierung trägt. Dabei wird oft „Leidenschaftslosigkeit“ ins Feld geführt. Der moderne Massenmörder mordet ohne Leidenschaft, als ob die Nutzung moderner Technologien gleichbedeutend sein muss mit Leidenschaftslosigkeit. Die tabulose Transgression kann aber auch quer zur modernen Zweckrationalität stehen. All diese Beispiele drehen sich um die neue Radikalität der individuellen Entscheidungen über Basisprinzipien der Moderne wie eben das Mitgefühl. Nicht nur die Sprache allgemein, auch beispielsweise die soziologische Kritik versagt. Warum macht die Sprache blind? Ist die legale Sprache unfähig, sich mit Massenverbrechen auseinanderzusetzen? Ist die soziologische Sprache unfähig, mit Mitgefühl und dem Zusammenbruch dieses Gefühls umzugehen? Sprache ist ja auch politische Sprache. Sprache ist Teil der religiösen und politischen Vernunft. Ein realistischer Mitgefühlsbegriff müsste auch eine Methode entwickeln, den Zivilisationsbruch zu konzeptualisieren. Das heißt auch, dass wir reflexiv mit dem Zusammenbruch des Mitgefühls umgehen sollten, also die Anti-Moderne mit modernen Mitteln analysieren. Das bedeutet auch, dass man soziologisch mit individualisierten Entscheidungen umgehen muss. Die Individualisierung der Entscheidungen heißt dann auch persönliche Verantwortung. Wenn man fragt, in welchen Dokumenten und Verhandlungen dieser Ursprung des institutionalisierten Mitgefühls studiert und dokumentiert werden kann, dann stößt man auch auf den Nürnberger Prozess, der gegen die Verantwortlichen des deutschen Naziterrors geführt wurde.[44] Bemerkenswert ist, dass die Schaffung von Rechtskategorien sowie eines Gerichtsprozesses jenseits nationalstaatlicher Souveränität erlaubte, die historische Ungeheuerlichkeit der systematisch staatlich organisierten Judenvernichtung überhaupt in rechtliche Begriffe und gerichtliche Verfahren zu gießen, die als eine zentrale Quelle des neuen Mitgefühls entschlüsselt werden können und auch müssen. In Artikel 6 der Charter of the International Military Tribunal finden sich drei Verbrechensarten[45] – „crimes against peace", „war crimes" und „crimes against humanity" –, auf deren Grundlage die Naziverbrechen und -verbrecher verhandelt und verurteilt wurden. Interessanterweise setzen „crimes against peace" und „war crimes" nationalstaatliche Souveränität voraus, gehorchen also dem nationalen Blick, während „crimes against humanity" im Widerspruch dazu die nationale Souveränität aufheben und den liberalen Blick in Rechtskategorien zu fassen suchen. Es ist wohl kein Zufall, dass die Staatsanwälte und Richter des Nürnberger Tribunals mit der historisch neuen Kategorie „crimes against humanity" dann letztlich wenig anfangen konnten. Wird hier doch nicht nur ein neues Gesetz oder ein neues Prinzip, sondern auch eine neue Logik des Rechts eingeführt, die mit der bisherigen nationalstaatlichen Logik des Völkerrechts bricht. Heute wird an „Nürnberg" gerade wegen seiner Verhandlungen über die „Verbrechen gegen die Menschheit" erinnert. Der Prozess selbst handelte kaum von der Judenvernichtung. Darum ging es dort überhaupt nicht. Er war – im Gegensatz zum Eichmann-Prozess in Jerusalem oder den Auschwitzprozessen in Frankfurt – kein Holocaust-Prozess. Nürnberg gilt als Anfangspunkt einer neuen Zivilisationsstufe, in der Rache einer neuen Gerechtigkeitsauffassung weicht. So formulierte der Hauptankläger Robert H. Jackson es in seiner Eröffnungsrede des Prozesses:

Dass vier große Nationen – erfüllt von ihrem Sieg und gepeinigt vom Unrecht – nicht Rache üben, sondern freiwillig ihre gefangenen Feinde dem Gesetz übergeben, ist eines der größten Zugeständnisse, das die Macht jemals der Vernunft eingeräumt hat.[46]

Auch die damalige Kritik an der so genannten „Siegerjustiz" schwingt in den heutigen Auseinandersetzungen um internationale Rechtsprechung mit. Aber diese Kritik übersieht häufig, dass es sich auch um „Opferjustiz" handeln kann. Die Urteile von Nürnberg wie auch die zukünftigen Urteile eines internationalen Gerichtshofes können zeigen, dass nicht ein Volk schuldig geworden ist, dass also „Kollektivschuld" als Begriff der Vergangenheitsaufarbeitung historischen Unrechts nicht als analytisches Instrument taugt, sondern dass die Schuld einzelnen Personen zufällt. Diese Einsicht hat vielleicht in Nürnberg dazu geführt und kann auch in Zukunft dazu führen, dass die Leiden der Opfer anerkannt werden, und damit der Kreislauf der Rache aufgebrochen und beendet werden kann. Im Rückblick gilt Nürnberg als Beginn des Bewusstseins über Menschheitsverbrechen. Der Artikel 6c der London Charter definiert diese Verbrechen folgendermaßen:

Crimes against humanity: namely murder, extermination, enslavement, deportation and other inhumane acts committed against any civilian population, before or during the war; or persecutions on political, racial or religious grounds in execution of or in connection with any crime within the jurisdiction of the Tribunal, whether or not in violation of domestic law of the country were perpetrated. (Verbrechen gegen die Menschlichkeit: nämlich Ermordung, Ausrottung, Versklavung, Verschleppung oder andere an der Zivilbevölkerung vor Beginn oder während des Krieges begangene unmenschliche Handlungen; oder Verfolgung aus politischen, rassischen oder religiösen Gründen in Ausführung eines Verbrechens oder in Verbindung mit einem Verbrechen, für das der Gerichtshof zuständig ist, unabhängig davon, ob die Handlung gegen das Recht des Landes, in dem sie begangen wurde, verstieß oder nicht.[47]

In der Formulierung „before and during the war" werden die Verbrechen gegen die Menschheit klar getrennt von Kriegsverbrechen. Damit wird eine Verantwortlichkeit der einzelnen Täter außerhalb des nationalen Rechts vor der Gemeinschaft der Nationen, vor der Menschheit geschaffen. Wenn der Staat zum Verbrecherstaat wird, muss der einzelne, der ihm dient, mit der Anklage und der Verurteilung seiner Taten vor einem internationalen Gerichtshof rechnen. Die Formulierung „any civilian population" hebt das nationale Prinzip auf, nach dem die Verpflichtung innerhalb einer Grenze total und die Entpflichtung jenseits der Grenze ebenso total ist, und ersetzt dieses durch das Rechtsprinzip der liberalen Verantwortung. Der Rechtsgrundsatz, der mit dem nationalstaatlichen Recht bricht, schützt die Zivilbevölkerung nicht nur vor der Gewalt anderer, feindlicher Staaten (das ist bereits enthalten in dem Begriff der „Kriegsverbrechen"), sondern viel weitergehender und provokativer vor den willkürlichen Gewalttaten, die souveräne Staaten gegen ihre eigenen Bürger begehen. Schließlich wird hier im Sinne einer neuen Rechtsmoral die Priorität vom Kopf auf die Füße gestellt: Die Grundsätze des universalen Rechts brechen das nationale Recht. Verbrechen gegen die Menschheit können weder mit nationalstaatlichem Recht legitimiert, noch nationalstaatlich verhandelt und abgeurteilt werden. Zusammengenommen hebt in diesem Sinne das historische Novum „crimes against humanity" die Prinzipien der nationalstaatlichen Rechtssetzung und Rechtsprechung auf. Sind die Traditionen, aus denen der kolonialistische, nationalistische und genozider Horror entstammt, europäisch, so sind es auch die Wertmaßstäbe und Rechtskategorien, an denen gemessen diese Taten *als* Verbrechen an der Menschheit weltöffentlich verhandelt werden. Damit sind auch der kolonialistischen Erklärungen des Holocaust Grenzen gesetzt. Die Sieger hätten die verantwortliche Elite des Nazi-Terrors auch einfach standrechtlich erschießen können, wie es zunächst Stalin und Churchill forderten. Oder man hätte sie vor nationale Richter stellen und nach nationalem Recht aburteilen können, wie dies im Eichmann-Prozess in Jerusalem oder den Auschwitz-Prozessen in Deutschland geschah. Es ist ein gutes Beispiel dafür, wie eine Moderne reflexiv mir ihrer eigenen Barbarei umgehen kann. Und es wurde in der Tat ein neues Europa geboren. Es war der große Ideologe dieses neuen Europas, der britische Kriegspremier Churchill, der es kurz und bündig formulierte und auch schon 1946 schwärmte:

Wenn Europa dereinst geeint wäre, ... dann würde es keine Begrenzung geben für das Glück, den Wohlstand und den Ruhm seiner 400 Millionen Menschen.[48]

Es ging also um mehr als individuelle Verantwortung. Das „Glück ohne Grenzen", das Churchill erahnte, heißt zunächst Markt ohne Grenzen. Es soll ganz profan als Kreation von Interdependenzen in den Politikfeldern der Sicherheit, der Wirtschaft, der Wissenschaft, der Kultur verwirklicht werden. Es war ein Gegenentwurf zu Nazi-Deutschland. Es sind gerade diese Nürnberger Prozesse, die diese Gefühlswelten in rechtlich verbindliche Institutionen verwandelten. Im Gegengift zur nationalsozialistischen Herrschaft stellte das Statut der Nürnberger Prozesse 1945 fest:

Die Tatsache, dass ein Angeklagter auf Befehl seiner Regierung oder eines Vorgesetzten gehandelt hat, gilt nicht als Strafausschließungsgrund.[49]

Damit wurde die Moral individualisiert, ohne dass sie dabei willkürlich wurde. Hier wurden die Grundlagen für die Amerikanisierung Deutschlands gelegt. Der Markt und die Demokratie sollten aus den USA und England auf den gesamten Europäischen Kontinent ausgeweitert werden. Aber in Nürnberg 1945 wurden auch die Grundlagen der Willkommenskultur von 2015 gelegt. Erst durch die Freisetzung des Marktes und der Demokratie konnte sich Deutschland in der Tat europäisieren und eine zivile Vormachtstellung auf dem Kontinent ausüben.

Die Ambivalenz des Mitgefühls

Man kann sicher fragen: Ist nicht die Aufklärung über die Anti-Moderne naiv, weil sie den Anti-Modernen den Weg bereitet? Ist nicht die Nicht-Aufklärung über die apokalyptischen Visionen der Anti-Moderne naiv, weil sie den Anti-Modernen den Weg bereitet? Ist es nicht diese zweite Vertreibung aus dem Paradies, dieses Mal aus dem irdischen Paradiesglauben prästabilisierter Funktionalität und Moralität der modernen Gesellschaft, die der bisherigen Soziologie die Grundlagen entzieht? Dies ist in der Tat das Dilemma, weil die Soziologie eben nur Sprache sein kann. Die Soziologie kann nicht den Körper einsetzen. Sie kann Furcht nur vermitteln (wie es Judith Shklar tat), aber sie kann selbst keine Furcht sein. Eine reflexive Soziologie des Mitgefühls kann also weiter gehen als das kritische Projekt, das mit Adorno, Arendt, Bauman, und Foucault verbunden ist. Danach wurden Kultur, Gesellschaft und Politik im Horizont der stabilen Modernisierungsgesellschaft einer fundamentalen Kritik unterzogen.[50] Normalerweise betreibt Kulturkritik immanente Kritik („Anomie", „Entfremdung"), die den Basisprinzipien der Moderne ungefragt verpflichtet bleibt und diese bestärkt. Max Webers Rede vom „ehernen Gehäuse der Hörigkeit" ist eine negative Affirmation desselben. Foucaults Machtkritik heißt: Wir werden zu Gesundheit, Humanismus, Emanzipation „gezwungen". Mit anderen Worten: Der Kern des Unglücks, das die Moderne über die Menschheit bringt, ist, zum Terrorist des Glücks verurteilt zu sein! Und Adornos Kritik der Kulturindustrie besagt letztlich: Das Unheil der kapitalistischen Moderne liegt darin, dass wir Massenkultur konsumieren müssen. In dieser Anschauung kann Mitgefühl nur instrumental sein. Einer der wichtigsten Nachfolger dieses kritischen Geistes, der italienische Philosoph Giorgio Agamben geht noch einen Schritt weiter. Er trifft keine Unterscheidungen mehr. Der totalitäre Staat und der liberale Rechtsstaat sind ihm zu ähnlich, um eine Unterscheidung zu rechtfertigen. Die Folge ist die Banalisierung: Auschwitz ist überall. Das Lager (undifferenziert wie alles andere in seiner Theorie) wird zur Leitmetapher für die Moderne überhaupt. Die für die Moderne so wichtige Unterscheidung zwischen einem verbrecherischen Staat und einem Staat, der Verbrechen begeht, wird aufgehoben. Politik und Biopolitik ist ein und dasselbe. Dahinter verbirgt sich keine neue Aufklärung, sondern nur die Verachtung der Moderne. Und am Ende geht es nur um Brechung von Tabus. Mehr nicht. Die wahre Befreiung liegt in der göttlichen Gewalt und im nächsten Leben. Agamben heißt das Ende der Staatsbürgerschaft, das Ende der Souveränität und das Ende der Staatsnation mehr als willkommen. Für ihn haben die Basisprinzipen der Moderne keine Macht, mehr noch: keine Bedeutung mehr. Und das ist – für ihn – auch gut so. Kein Wunder also, dass er sich jenseits der Menschenrechte ansiedeln will und mit der Zelebrierung des Tabubruchs genau das herbeiwünscht, was er vorgibt zu bekämpfen: Antimodernismus ist keine Kritik der Moderne. Und was gut für die Literatur ist, muss nicht unbedingt brauchbar für die Sozialwissenschaften sein. Das zeigt allerdings auch seine Analyse der Konzentrationslager. Sie hat den Anspruch hypermoralisch zu sein, ja sie zitiert Primo Levi und seine Analyse des Muselmanns, der kein Zeugnis mehr ablegen kann. Vor lauter Agamben'scher Philosophie wird den Überlebenden selbst die Fähigkeit genommen, Zeugnis abzulegen darüber, was von Auschwitz bleibt. Es geht ihm um Grenzsituationen, die keine Geschichte mehr haben, und wir haben hier ein beredtes Beispiel dafür, was geschieht, wenn die Geschichte (und damit auch die Soziologie) von dieser „kritischen Philosophie" eingenommen wird. Hier geht es nicht mehr um Wandel, um Geschichte, um Potenzial, ja um Unterscheidungen, sondern um erlösende Philosophie, bei der es um nichts mehr geht. Kulturpessimismus in seiner unkritisch optimierten kritischen Form. Was bleibt ist die tyrannische Biopolitik der Moderne. Aber das ist nicht, was Primo Levi uns hinterließ. Primo Levi wollte die Geschichte nicht den Tätern überlassen:

> *Hurbinek, drei Jahre alt und vielleicht in Auschwitz geboren, Hurbinek, der nie einen Baum gesehen hatte und der bis zum letzten Atemzug gekämpft hatte, um Zutritt in die Welt der Menschen, aus der ihm eine bestialische Macht verbannt hatte, zu erhalten. Hurbinek, der Namenslose, dessen winziges Ärmchen doch mit der Tätowierung von Auschwitz gezeichnet war – Hurbinek starb in den ersten Tagen des März 1945, frei aber unerlöst. Nichts bleibt von ihm: Er legt Zeugnis ab durch diese meine Worte. (Levi 1994, S. 20).*

Das ist der Ruf einer moralischen Sozialtheorie, die an das Mitgefühl der Leser und Leserinnen appelliert. Sie legt Zeugnis ab. Dieser Realismus des Mitgefühls ist aber auch in diesem Fall ein globaler Zivilisationsprozess. Er wartet nicht auf die Erlösung. Und wenn transnationale Menschenrechte Schmerz und Grausamkeit lindern können, dann hält er an diesen Basisprinzipen der Moderne fest. Es geht mir nicht darum, den Kritikern der Moderne zu beweisen, dass sie falsch liegen. Aber zu behaupten, dass Nazi-Deutschland und der Holocaust die endgültige Erfüllung des Projekts der Moderne wäre, ist in meinen Augen ein Unverständnis der Moderne und ihre Basisprinzipien. Denn wenn sie Recht hätten, würde Deutschland zum Epizentrum der Moderne werden. Das ist natürlich eine Verkürzung einer jahrzehntelangen Diskussion über den deutschen Sonderweg und über die Moderne. Was würde das dann für Großbritannien und die USA bedeuten? Sind das dann keine modernen Gesellschaften? Wenn wir die nationalistischsten Staaten als die modernsten bezeichnen, dann werden nicht nur die Ausnahmen zur Regel, sondern die Regeln werden zur Ausnahme. Unter dieser Ansicht werden die beiden Länder, die allgemein als Beispiel für die Moderne angesehen werden, in seltsame Ausreißer verwandelt. Da es sich um eine Einwanderungsnation handelt, hatten die USA eine der am wenigsten ethnischen Vorstellungen von seiner nationalen Identität. Und Großbritannien war am Vorabend des Zweiten Weltkriegs das größte Imperium der Welt. Es bestand (wie es heute noch tut) aus mehreren Nationalitäten sogar auf seinen Heimatinseln. Man kann also nicht sagen, dass der ethnisch homogene Nationalstaat exemplarisch ist. Aber ich denke, es ist die einzige Ebene, auf der man die Frage „Kann die Moderne den Holocaust erklären?“ klar stellen und Bauman eine klare Antwort geben kann: Nein. Der Holocaust war die Ausnahme von der Moderne, nicht die Regel, und er kann nur durch die Außergewöhnlichkeit Deutschlands befriedigend erklärt werden. Arendt und Kritiker wie sie selbst tragen sicher persönliche, familiale, kollektive Geschichten in sich, die ihre politischen Leidenschaften schon mitprägten. Ein wichtiger Einwand ist, dass man damit die zentralen Ereignisse des 20. Jahrhunderts zu einer Ausnahme macht, und dem stimme ich zu. Aber ich glaube nicht, dass dies ein Problem ist, das so sehr gelöst werden muss, wie es sich stellt. Ich stimme den Kritikern wie Bauman voll und ganz zu, dass eines der Hauptprobleme mit dem Rahmen der Moderne sein impliziter evolutionärer Determinismus ist, und dass wir dies überwinden müssen. Und ich denke, der beste Weg, dies zu überwinden, ist zu erkennen, wie wichtig die Rolle war, die Kontingenz bei der Bestimmung des Verlaufs der jüngsten Weltgeschichte gespielt haben – dass es kurzlebige Ausnahmen waren, keine dominanten historischen Trends, die die Weltkarte auf eine Weise neu gezeichnet haben, wie wir heute noch leben. Das bringt uns dann in die Gegenwart und Zukunft Deutschlands und zum Bild von Deutschland als Beispiel für einen weltoffenen Staat. Ich werde das im nächsten Kapitel versuchen und das Mitgefühl für Geflüchtete 2015 analysieren. Aber die jüngste Debatte über diese Krise stellt natürlich die Frage, ob die Bereitschaft

Deutschlands, sich dem Mitgefühl für Fremde zu unterwerfen, auch aus dieser Ausnahmesituation erklären sollte? Kann man das ausgebrochene Mitgefühl von 2015, auch „Willkommenskultur" genannt durch das, was in Nürnberg 70 Jahre vorher geschehen ist, erklären?

Auch wenn diese Politik des Mitgefühls nur versucht, wie seine Kritiker durchaus scharfsinnig kritisieren, seinen Machtanspruch durch „Normeninflation" zu kaschieren, dann geht es hier in der Tat auch um die Definitionsmacht, die sich dem (immer wieder drohenden) Totalitarismus entgegenstellt. Natürlich heißt das auch nicht, dass Politik nunmehr ausschließlich von Menschenrechtsprinzipien bestimmt wird. Vielmehr geht es um die Erkenntnis, dass dieses Menschenrechtsregime und die mit ihm einhergehenden mitfühlenden Auf- und Abbrüche seit den 1990er Jahren ein integraler Bestandteil nationaler und internationaler Politik geworden sind. Es entsteht in diesem Zusammenhang oft der falsche Eindruck, dass Globalisierung den Staat unterminiert. Sicher, man muss zwischen Autonomie und Souveränität unterscheiden. Es gibt sicherlich Momente, in denen die Autonomie des Staates eingeschränkt wird (vor allem im volkswirtschaftlichen Bereich). Aber es gibt keine empirischen Hinweise dafür, dass der Staat selbst verschwindet. Das war auch im Frühjahr 2020 angesichts der Covid-19 Krise mehr als deutlich. Und auch in dieser Krise galt es als fast schon selbstverständlich, dass man ältere Menschen nicht einfach so sterben lässt, um die Volkswirtschaft zu retten. Und diejenigen, die das versuchten zu artikulieren, wurden schnell marginalisiert. Zu sagen, dass man Menschen rettet, die sowieso sterben würden, war ein Tabubruch.

Es lässt sich erkennen, dass die Hauptquelle staatlicher Legitimität – das Nationale – umgestaltet wird. Die nationale Erinnerung an Menschenrechtsverletzungen, die nationalstaatliche Konsolidierung eines Menschenrechtsregimes und dessen legaler Imperative überschattet zwar das alte Nationalverständnis, öffnet dieses aber zugleich für die politische Konstellation des Mitgefühls. Dazu kommt noch, dass die Negation des Mitgefühls oder des menschlichen Zusammenlebens ganz generell, überhaupt erst deren Bedeutung, deren Heiligkeit, deren immanente Metaphysik ins Blickfeld setzt. Damit wird ein neuer, mitfühlenden Horizont der Verantwortung konkretisiert, der – möglicherweise durch entsprechende Normengebung (und möglicherweise sogar „Normeninflation“) und Organisationsgründungen (UN-Sicherheitsrat, Internationaler Gerichtshof in Den Haag usw.) sichtbar wird. Dahinter steckt auch eine satanische Logik: Je größer die Sorge für andere (z. B. die Unverletzlichkeit der Kinder, Frauen, und andere „schwache“ Gruppen), desto größer das Potenzial, diese Sorge in strategische Ziele für die maximale Ausbeutung massenmedialer Traumata zu verwandeln. Die Negation der Mitgefühle schafft eine neue Qualität der Differenz. Nicht nur die zwischen Opfern und Aggressoren, sondern auch zwischen den einen, die im Glauben an die Moderne leben und handeln, gegenüber den anderen, die diese „Hemmungen“ abstreifen und entsprechend dieser Glaubensverwundbarkeit Menschen hemmungslos ausbeuten. Die Macht derjenigen, die Mitgefühl negieren, wächst radikal asymmetrisch zu der Ohnmacht derjenigen, die dieses Mitgefühl einhalten. Nicht: „Die Hölle sind wir“, sondern: Menschen können aufgrund der Freiheit und der Siege der Moderne die Hölle auf Erden errichten, aber sie auch gleichzeitig versuchen einzuschränken. Wenn Menschen glauben, dass Menschenrechte verletzt wurden, dann müssen sie die semantischen und gefühlsmäßigen Kompetenzen haben, Menschenrechtsverletzungen also solche zu erkennen. Die Kategorie des „Opfers“ ist die Kategorie, die dieses Erkennen organisiert. Opfer bedeutet zu leiden, und Opfer als Opfer zu erkennen, bedarf des Mitgefühls. Es geht dabei nicht nur um legale Kategorien, sondern um moralische. Ein „Verschwundener“ wie wir aus dem lateinamerikanischen Opferdiskurs kennen ist nicht nur eine legale Kategorie, sondern drückt auch klar eine moralische aus. Wie wir sehen werden, ist es mit der Kategorie des Flüchtlings oder Geflüchteten nicht anders. Es geht um mehr als um das klassische Asylrecht, die aus anderen politischen Erfahrungen des 20. Jahrhunderts stammen als die Flüchtlingsströme des 21. Jahrhunderts. Gleichzeitig müssen wir Arendts Kritik an der unpolitischen Politik des Mitleids, das immer in Sentimentalität überschwappen kann, ernst nehmen. Mitgefühl ist ambivalent, ja muss ambivalent sein, muss dem Opfer ins Gesicht sehen können, sich aber gleichzeitig abwenden. Die Geflüchteten dieses Jahrhunderts schauen zurück und werden zum Testfall der Politik des Mitgefühls. Wenden wir uns im nächsten Kapitel dieser Frage zu.

Kapitel 3
Geflüchtetes Mitgefühl

Hannah Arendt in Lissabon

Lissabon im Mai, 1941. Rua Sociedada Farmaceutica 6 um genau zu sein. Im nördlichen Zentrum von Lissabon, eine kleine verschlafene Straße, ein bürgerliches Viertel, die typischen Lissaboner Pastellfarben. Hannah Arendt wohnte dort drei Monate und wartete auf ein Schiff in die USA. Lissabon war ihre letzte Station in Europa. Das Ziel war der neue Kontinent, Amerika. Während im Osten Europas die Juden vernichtet wurden, sind sie im Westen zu einem anderen Menschentypus, nämlich zu dem des Flüchtlings geworden. Sehr eindringlich hat das Hannah Arendt in ihrem zwei Jahre nach ihrer Ankunft in New York 1943 veröffentlichten Essay *We Refugees* (Wir Flüchtlinge) geschildert. Vor ihrer Lissaboner Zeit war sie in Südfrankreich im Lager Gurs interniert, aus dem sie entkommen konnte. Arendt schrieb einige Briefe aus Lissabon, von denen wir über die Situation der Flüchtlinge und das Warten auf ein erlösendes Schiff erfahren.[51] Arendt konnte damals in Lissabon nicht ahnen, dass viele Jahre später das geeinte Europa aus der Erinnerung an Weltkrieg und Holocaust mitentstanden ist. Und sie konnte in Lissabon auch weiterhin nicht ahnen, dass das Flüchtlingsproblem (nicht mehr Juden, sondern andere Minderheiten wie Muslime) eine der großen Bedrohungen dieses Projekts der Europäischen Union werden würde. Sicher kann man das Schicksal der heutigen Geflüchteten mit dem der jüdischen Flüchtlinge der 1940er Jahre schwer vergleichen und trotzdem stehen sie in einer mitfühlenden Beziehung zueinander. Gerade auch, weil das jüdische Flüchtlingsproblem mit der Vernichtung der europäischen Juden endete, genießen Flüchtlinge heute trotz ihrer prekären Situation mehr Rechte, Sympathien und Mitgefühl als damals. In den eindringlichen Worten Hannah Arendts aus dem Jahre 1943 zeichnet sich das Ende des europäischen Judentums ab:

Wir haben unser Zuhause und damit die Vertrautheit des Alltags verloren. Wir haben unseren Beruf verloren und damit das Vertrauen eingebüßt, in dieser Welt irgendwie von Nutzen zu sein. Wir haben unsere Sprache verloren und mit ihr die Natürlichkeit unserer Gebärden und den ungezwungenen Ausdruck unserer Gefühle. Wir haben unsere Verwandten in den polnischen Ghettos zurückgelassen, unsere besten Freunde sind in den Konzentrationslagern umgebracht worden, und das bedeutet den Zusammenbruch der privaten Welt. (Arendt 2019, S. 39)[52]

Ungefähr 100 000 Flüchtlinge kamen zwischen 1940 und 1944 durch Lissabon, darunter 40 000 Juden und Jüdinnen wie Hannah Arendt (Kaplan 2020). Es war die letzte und fast die einzige Station, von wo aus man Europa auf der Flucht vor den Nazis verlassen konnte. Berühmt wurde Lissabon als Tor zur Freiheit auch durch den Film *Casablanca* aus dem Jahre 1942. Der Erzähler begann den Film mit einer typischen Flüchtlingsszene:

With the coming of the Second World War, many eyes in imprisoned Europe turned hopefully, or desperately, toward the freedom of the Americas. Lisbon became the great embarkation point. But not everybody could get to Lisbon directly; and so, a tortuous, roundabout refugee trail sprang up.[53]

Casablanca ist wohl einer der ikonischsten Hollywoodfilme überhaupt (Isenberg 2017). Eine klassische Liebesgeschichte eingerahmt in der Geschichte von politisch und rassisch verfolgten Flüchtlingen des Nazi-Regimes. Jüdische Flüchtlinge stellten sich selbst dar und waren auch die Schauspieler für die Nazis. Und die Zuschauer Casablancas sehen natürlich, dass der Flüchtlingsstrom aus Europa in die nicht-europäische Welt fließt, während die gegenwärtigen Geflüchteten verzweifelt versuchen nach Europa zu gelangen. Die Helden des Films Victor Laszlo und Ilsa Lund schaffen es. Einer, der es im wirklichen Leben nicht mehr schaffte, war Walter Benjamin. Auf dem Weg nach Lissabon beging der vielleicht „letzte Europäer" im September 1940 in Port Bou an der Grenze zwischen Spanien und Frankreich Selbstmord. Lissabon wurde zum Symbol dieser letzten Europäer, zur letzten europäischen Station auf dem Weg in die sogenannte „Neue Welt". Lissabon war eine letzte europäische Durchgangsstation, kein Ort des Exils, wie vorher vielleicht Paris, sondern ein Ort des Wartens, am westlichsten Punkt des europäischen Festlandes, das nur in diese Richtung verlassen werden wollte. Alles, was östlich war, tausende von Kilometern, war eine Bedrohung. Portugal hatte für Juden seit der Austreibung und Inquisition im 15. und 16. Jahrhundert so gut wie keine Bedeutung mehr. Plötzlich war es im Mittelpunkt einer weiteren Austreibung und Flucht. Mehrere amerikanisch-jüdische Organisationen wie HIAS (Hebrew Immigrant Aid Society), eine amerikanisch-jüdische Organisation, die im späten 19. Jahrhundert in den USA gegründet wurde, um die Ausreise von Juden aus dem Russischen Reich zu erleichtern, arbeiteten seit 1940 in Lissabon. Schon in der Zeit zwischen den Weltkriegen macht es sich HIAS zur Aufgabe, die Ausreise von jüdischen Flüchtlingen aus Europa und ihre Einreise in die USA zu erleichtern. Eine der Freiwilligen, die für die HIAS auf Ellis Island in New York mit jüdischen Einwandern und Flüchtlingen arbeitete, war die Dichterin Emma Lazarus. Ihr Gedicht *The New Colossus* wurde zu einem universalen Hilfeschrei für alle Flüchtlinge der Welt und im Podest der New Yorker Freiheitsstatue eingraviert: „Gebt mir eure Müden, eure Armen, Eure geknechteten Massen, die frei zu atmen begehren" heißt es da. Dieser Begriff der „geknechteten Massen" (huddled masses) wurde zum Aufschrei einer neuen verallgemeinerten mitfühlenden Politik gegenüber Flüchtlingen. Juden sollten nicht als Juden, sondern als abstrakte Mitglieder der Menschheit geschützt werden. Wie es Arendt in ihrem Aufschrei von 1943 beschrieb:

> *Die von einem Land ins andere vertriebenen Flüchtlinge repräsentierten die Avantgarde ihrer Völker. […] Zum ersten Mal gibt es keine separate jüdische Geschichte mehr; sie ist verknüpft mit der Geschichte aller anderen Nationen. (Arendt 2019, S. 51 f.).*

Ein Jahr nach der Veröffentlichung von Arendts Essay wurde 1944 in New York eine Studie des *Institute for Jewish Affairs* vorgelegt: *The Jewish Refugee*, wo jüdische Intellektuelle des Instituts versuchten, das jüdische Flüchtlingsproblem soziologisch zu verstehen.[54] Aber nicht nur um soziologisches Verständnis ging es in dieser grundlegenden Studie. Kurz vor den Nürnberger Prozessen, die das Leiden der Opfer des Nationalsozialismus bildlich darstellten, wurde hier in trockener und nüchterner Sprache vom Schicksal nicht der Ermordeten, sondern der Geflüchteten berichtet. Es war keine Studie über den Flüchtling an sich, sondern konkret über jüdische Flüchtlinge des Nazi-Regimes. Die beiden Autoren wussten, worüber sie schrieben. Beide waren Flüchtlinge. Grossmann, ehemaliger Generalsekretär der deutschen Liga für Menschenrechte, lebte nach seiner Flucht in den USA, Tartakower war polnischer Jude, wanderte nach Israel aus und arbeitete dort als Soziologe. Beide arbeiteten für den *World Jewish Congress* und verfassten diese wohl erste soziologische Studie über jüdische Flüchtlinge. Beide sahen in Europa keine Zukunft mehr für jüdische Menschen. Und hier genau liegt das Paradox der Politik des Mitgefühls, wenn wir über Flüchtlinge in Europa nachdenken. Die deutsche Bundeskanzlerin Angelika Merkel hat nach ihrem Beschluss vom Sommer 2015, die Grenzen für syrische Flüchtlinge zu öffnen, oft auf die Verpflichtung gegenüber der deutschen Vergangenheit hingewiesen, eine Verpflichtung, an die sich trotz der EU andere Nationen weniger gebunden fühlen. Das Mitgefühl der sogenannten Willkommenskultur von 2015 steht daher in ständigem Kontakt mit dem Jahr 1944.

Am 27. Oktober 2018 wurde die Tree-of-Life-Synagoge in Pittsburgh von einem Attentäter angegriffen, dessen Anschlag unter anderem dadurch motiviert war, dass die Synagoge eng mit HIAS verknüpft war. Bei dem Anschlag wurden elf Menschen ermordet und sechs verletzt. HIAS kümmert sich schon länger nicht mehr ausschließlich um jüdische Flüchtlinge, sondern hat diese Arbeit ausgeweitet. Und am Yom Kippur 2019, dem höchsten jüdische Feiertag, ist ein deutscher Terrorist morgens mit der festen Absicht aufgestanden, Juden beim Gebet in der Synagoge zu ermorden, ja eigentlich Juden zu ermorden. Er versuchte die Tür der Synagoge in Halle aufzuschießen, was ihm nicht gelang. Der Attentäter konnte seinen Anschlag nicht ausführen, und doch tötete er zwei Menschen, die er willkürlich aussuchte. Seine Motive sind klar, er hat sie veröffentlicht und live digital mitgeschnitten. Es ging ihm in erster Linie darum, Juden zu töten. Sie macht er für das Unglück der Welt verantwortlich. Für ihn sind sie diejenigen, die hinter der finanziellen Macht stehen. Die beiden Anschläge sind desselben Geistes Kinde, ein Deutscher, der einen Amerikaner nachahmt, der wiederum von einem deutschen Phantasma beeinflusst war. Beide Attentäter versuchten auch das Mitgefühl gegen Fremde zu ermorden.

Mitgefühl mit Juden

Aber nicht nur um Juden geht es. Das erweiterte Mitgefühl sollte nicht nur Juden als Juden schützen, sondern als abstrakte Mitglieder der Menschheit. Das war auch die Absicht hinter der UN-Völkermordkonvention vom 9. Dezember 1948, die dieses Verbrechen als „Handlung, die in der Absicht begangen wird, eine nationale, ethnische, rassische, oder religiöse Gruppe als solche ganz oder teilweise zu zerstören“ definiert.[55] Das spezifisch Jüdische wurde hier in „Gruppe“ umgewandelt, ein Opfer ohne Souveränität, während auf der anderen Seite der souveräne Staat Israel eine Alternative für die Machtlosigkeit der Juden wurde. Das war das Ergebnis langer Prozesse, die aus dem jüdischen Typus des Holocaustopfers und des Flüchtlings Allgemeinbegriffe schufen, die bis heute umstritten sind. Es war das Ergebnis der gescheiterten Aufklärung und Emanzipation für die Juden. Jüdische Überlebende, Jüdische Flüchtlinge und Jüdische Opfer verbinden die Politik des Mitgefühls des 21. Jahrhunderts.

Auch stünde es schlimm um Europa, wenn die kulturellen Energien der Juden es verließen,

schrieb Walter Benjamin 1912 an seinen zionistischen Freund Ludwig Strauss.[56] Und 28 Jahre später schrieb Hannah Arendt, am 21. Oktober 1940, an Gershom Scholem in Jerusalem: „Juden sterben in Europa und man verscharrt sie wie Hunde“.[57] Arendt informierte Scholem mit diesen Worten auch über den Selbstmord von Walter Benjamin. Benjamin hatte sich einen Monat zuvor das Leben genommen, als er auf der Flucht vor den Nazis nach Lissabon und dann nach Amerika wollte. Er wurde von spanischen Grenzbeamten abgewiesen, die ihn nach Frankreich zurückschicken wollten. Arendt schrieb später über Benjamin:

Außerdem zog ihn nichts nach Amerika, wo man, wie er gelegentlich sagte, mit ihm wohl nichts anderes werde anfangen können, als ihn zu Ausstellungszwecken als letzten Europäer durch die Lande zu karren. (Arendt 1968/2006, S. 64)

Einige Monate später, im Mai 1941, erreichten Hannah Arendt und Heinrich Blücher New York, und zwar auf demselben Wege, auf dem Benjamin vorher gescheitert war. Das Leben hing vom Zufall ab:

Einen Tag früher wäre er anstandslos durchgekommen, einen Tag später hätte man in Marseille gewusst, dass man zur Zeit nicht durch Spanien konnte. Nur an diesem Tag war die Katastrophe möglich.
(Ebd., S. 65)

Dieses Gefühl der Zufälligkeit, sowohl des Lebens wie auch des Todes, sollte Arendt nicht mehr loslassen. Es wurde zu einer Metapher für Europa und die Juden. In ihrem Gepäck brachte Arendt Benjamins letztes Manuskript Über den Begriff der Geschichte mit, ein Dokument des „letzten Europäers", das in den USA eine erneute Kariere erleben sollte.[58] Ein Dokument der Katastrophe, des Bruches, des Endes einer Epoche. Ein Dokument, das Kultur und Barbarei gemeinsam liest, sogar Kultur als Barbarei verstehen will.

Will man sich aus jüdischer Perspektive Europa nähern und die Problematik der Politik des Mitgefühls untersuchen, dann scheint es, als befinde man sich in einem Spiegelkabinett. Die Perspektiven verschieben sich ständig, und je näher man rückt, desto verzerrter werden sie. Gibt es überhaupt ein Europa der jüdischen Perspektive, ein jüdisches Europa, ein Europa der Juden? Wem gebührt Mitgefühl? Allen Juden, allen Flüchtlingen? Auf der einen Seite sehen wir heute die Entwicklung eines transnationalen Raums und die ständige Erweiterung der europäischen Einheit vom Westen nach Osten und nach Süden. Europa ist nicht nur mehr Metapher, sondern hat auch das Potenzial zu einer neuen gelebten postnationalen Existenz und Praxis zu werden. Auf der anderen Seite gibt es die ständige Suche nach teilbarer Identität und Kultur. Europa braucht Europäer. Und Europäer sind Bürger ihrer Länder. Gibt es Ähnlichkeiten zwischen dem neuen transnationalen Raum Europas und der jüdischen Transnationalität noch vor Beginn der Moderne? Europa sucht nach Europäern. Und gleichzeitig sucht es auch nach seinen nicht mehr existierenden Juden. Die Europa-Idee begann nicht nach dem Zweiten Weltkrieg, sondern ist alt und geht bis auf die Antike zurück, aber der Integrationsprozess, der nach dem Zweiten Weltkrieg einsetzte, stammt wiederum aus der Erfahrung der Weltkriege, der verfeindeten Nationen, des Ost-West-Konflikts, der Versöhnung ehemaliger Feinde und der Judenvernichtung. Mit der Amerikanisierung des Westens Europas wurden auch die politischen Gefühle freigesetzt. Europäer haben also nicht nur eine gemeinsame Vergangenheit, sondern auch eine gemeinsame Geschichte der Feindschaft, die es zu überwinden gilt. Man denke nur an den Friedensnobelpreis an die Europäische Union im Jahre 2012. Sie erhielt diesen Preis vor allem für ihre Rolle in der Verwandlungen Europas von einem Kontinent der Kriege zu einem des Friedens und des Mitgefühls. Ein verspäteter Kommentar zu Rubens Gemälde. Heute ist Europa weder Empire noch Nationalstaat, sondern eher eine Gesellschaft von Gesellschaften, die aus Staaten, verschiedenen Kulturen, Rechtstraditionen und auch Sprachen besteht. Europa ist viel- und mehrsprachig, obwohl die Bildungspolitik der einzelnen Länder weiterhin auf Einsprachigkeit pocht. Aus dieser weltgesellschaftlichen Perspektive Europas stellt sich die Frage nach dem „Europäer", die sich höchstens als fließende Identität einfangen lässt. Neue Metaphern wie die der „Ströme", „Netzwerke", „Hybride" und „Melange", die im sozialwissenschaftlichen Diskurs über Europa und die Moderne verwendet werden, charakterisieren Europa als ein Projekt der Mobilität. Das heißt nicht weniger, als dass Strukturen jüdischer Lebenswelten vor der Homogenisierung des europäischen Nationalstaats nun zur selbsterklärten Ideologie eines sich verwirklichenden europäischen Projektes werden. Damit werden Themen europäischer universaler Werte offengelegt, die sich zwar auf Juden im Abstrakten beziehen – insbesondere, wenn man die Judenvernichtung als eine für Europa maßgebliche Erinnerung betrachtet –, die aber auf der anderen Seite ohne die Präsenz wesentlicher jüdischer Lebenswelten auskommen müssen. Ist die europäische Identität deshalb nichts weiter als eine Illusion? Das abstrakte Mitgefühl sicher nicht, auch wenn es unter Angriff steht. Ein jüdischer Blick auf Europa sprengt die Dichotomien zwischen Einheit und Vielfalt, Kontinuitäten und Brüchen, Isolation und Assimilation, Heimat und Exil. Ein anderes Europa öffnet sich dem Blick. Aber ist es gleichzeitig ein Blick des Mitgefühls?

Gibt es jüdische Antworten auf die allgemeinen Fragen des Mitgefühls? Wie kann man gegenüber Juden und Jüdinnen „mitfühlen", wenn die jüdische Nation ohne Territorium lebt, die verstreut und über Grenzen hinweg in Europa lebt und lebte? Waren die europäischen Juden nicht gleichzeitig assimiliert, orthodox, jüdisch und nicht-jüdisch? Und ist es gerade dieses Nicht-Dazugehören, das auf die ontologische Bosheit des antisemitischen Bewusstseins und die Entschiedenheit des antisemitischen Staates traf, diese transnationalen jüdischen Kulturen und kosmopolitischen Kleingesellschaften im Herzen Europas auszumerzen? Und nicht zuletzt: Ist das tatsächlich ein historisch längst überwundener Ausnahmezustand? Oder gibt es versetzte Parallelen, die tief im europäischen Selbstverständnis spätestens seit der Französischen Revolution mit ihrem Postulat der universellen Gleichheit aller Menschen eingelassen sind, weil dieser universalistische Stolz Europas es den Juden zwar erlaubte, als Gleiche, das heißt als Deutsche, Franzosen etc. sich in Europa zu integrieren, aber eben nicht als Juden? Mussten die Juden nicht gerade auch in Europa ihr Jüdischsein als Privatangelegenheit zur Konfession machen, ja sogar konvertieren, sich assimilieren, um als Gleiche anerkannt zu werden? Ist also immer noch im Bilde Europas der wahre Jude der Nicht-Jude (ebenso wie der wahre Schwarze der Nicht-Schwarze oder der wahre Muslim der Nicht-Muslim ist)? Wohin gehören die Juden also? Und insbesondere: Gehören die Juden zu Europa, sind eigentlich Europäer par excellence oder stehen sie außerhalb der europäischen Kultur? Als kleines Beispiel schrieb Arnold Zweig in einem kleinen Essay *Jude und Europäer* in der von Martin Buber herausgegebenen Zeitschrift *Der Jude* schon 1918:

Sie verstehen uns nicht; obwohl wir mit ihnen leben, solange sie selbst dies Land als kultiviertes besiedeln. Wohin immer der Jude gehöre: Europäer ist er nicht, das ist damit in einem sehr tiefen Sinne festgestellt.[59]

Es sind genau diese Fragen, gestellt einige Jahrzehnte, bevor die Juden in Europa systematisch vernichtet wurden, ob Juden zu Europa gehören oder nicht, die von jüdischen Intellektuellen wie Benjamin und Zweig selbst diskutiert werden. So stritt man sich schon vor 100 Jahren um die Zukunft Europas und um die Frage, welche Rolle Juden dabei spielen sollten. Es sind klassische europäische Fragen. Kann Demokratie (also Mitgefühl) nur funktionieren, wenn es eine gemeinsame Sprache, gemeinsame Lebensbezüge und ein gemeinsames Projekt gibt?

Es gibt eine bittere Erfahrung der jüdischen Geschichte, die sich quer zu der Vision einer von Europa ausgehenden mitfühlenden Welt stellt – und das nicht zuletzt deshalb, weil diese Erfahrung in der Spannung zwischen Universalismus und Partikularismus angesiedelt ist. Was heißt das? Partikularismus handelt von Identität, und Identität exkludiert. Jedem *Wir* steht ein *Die* gegenüber, die Menschen, die nicht wie wir sind. Ohne diese scharfe Grenzziehung ist es zweifelhaft, ob wir überhaupt eine Identität ausbilden können. Die partikularistischen Welten sind antagonistisch. Die kulturell Anderen werden in einer Wertehierarchie verortet. Es geht um Kampf, Ehre und Ruhm, im Grenzfall sogar um den eigenen Tod als Ausweis der existentiellen Ernsthaftigkeit. Und die Juden Europas standen immer schon stellvertretend für diesen Partikularismus. Die Antithese dieses ethnischen Partikularismus – das Prinzip des Universalismus – ist ihrerseits zutiefst zweischneidig. Einerseits wird die Verschiedenartigkeit der Rassen, Nationen, Religionen aufgehoben, und die Gleichheit aller Menschen, einschließlich gleicher Rechte, wird behauptet und auf die Fahnen geschrieben. Andererseits wird die kulturelle Differenz und Partikularität in der Gleichheit aller nicht nur aufgehoben, sondern auch ihrer spezifischen Würde und Bürde beraubt. Der universalistische Traum ist Platos Traum, der die ideale Welt, die Welt der Ideen hinter den Partikularitäten und Konflikten vermutet. Es ist der Traum der Rationalität, die eine Welt der universalistischen Regeln gegen das Chaos des Lebendigen setzt, ein Reich ewiger Gültigkeiten jenseits des Hier und Jetzt. Dabei geht es um „Wahrheit", und zwar um eine solche, die wahr ist für jeden zu allen Zeiten und an allen Orten, und je universeller eine Kultur, eine Nation sich versteht, desto näher kommt sie dieser Wahrheit. Darin lag auch die christliche Revolte gegen das Jüdische. Die Geschichte des Menschen – darin spiegelt sich das europäische Selbstverständnis bis hin zur Aufklärung – ist die Geschichte, die von engen Bindungen an Stämme, Stadtstaaten, Nationen hin zu universalistischen Prinzipien wie Menschenrecht und „Global Governance" verläuft. Alles Partikulare – die Welt der Sinne und Leidenschaften – ist die Quelle der Konflikte, Vorurteile, Irrtümer und Kriege, die letztendlich, wenn der Universalismus gesiegt hat, zum „ewigen Frieden" führen wird, wie ihn Kant (durchaus ironisch gebrochen) verheißen hat. Die jüdische Erfahrung durch die Geschichte hindurch enthält allerdings eine andere Lehre, nämlich die, dass der Universalismus eine unangemessene Antwort auf die Herausforderung des Partikularismus ist, und zwar eine solche, die kaum weniger gefährlich ist. Und hierin liegt auch das Dilemma der jüdischen Assimilation begründet. Je mehr Juden sich assimilierten (also universal sein wollten), desto weniger wollten und konnten sie Juden sein. Und wenn sie sich trotzdem wie Juden fühlen, obwohl sie sich anziehen wie die Nicht-Juden und so reden und schreiben wie sie, wenn sie wirklich Teil der nichtjüdischen Leitkultur werden, aber trotzdem noch Juden sein wollen, dann beweist das nur, dass sie nicht assimiliert sind. Das ist sowohl ein jüdisches als auch ein europäisches Dilemma. Es war das Dilemma der Juden in Europa und ist bis heute das Dilemma aller Minderheiten. Damit wird auch die These, dass sowohl Markt als auch Demokratie die Grenzen des Mitgefühls weiter spannen, ständig herausgefordert. Die Identitäten werden dann auch zu den Grenzen des Mitgefühls und fordern sie ständig heraus.

Wenn also Nicht-Juden und Juden darüber debattierten, ob man als Jude zu Europa gehört oder nicht, wenn der Zionismus sowohl als Scheitern der Emanzipation als auch als seine wahre Erfüllung zu verstehen war, dann beginnt das moderne jüdisch-europäische Dilemma in der Tat mit der Emanzipation und der Französischen Revolution. Es ging um den modernen Nationenbegriff und die Frage, wie individuelle Freiheit innerhalb der Nation garantiert werden kann. Und damit werden die Grenzen des Mitgefühls national gezogen. Für Juden war das Emanzipationsversprechen der französischen Revolutionäre auch eine politische Lösung des Exils. Es war ein verlockendes Angebot, dem Exil ein Ende zu setzen und Teil der Staatsnation zu werden. Die französischen Revolutionäre verlangten die Auflösung aller Stände wie auch der Zünfte. Erinnern wir uns kurz an die Rede des Comte Clermont-Tonnerre vom 23. Dezember 1789, die in den Debatten um die jüdische Emanzipation in Europa schon beinahe einen ikonischen Charakter gewonnen hat:

Aber, so wird man mir antworten, haben die Juden nicht ihre eigenen Richter und Gesetze? Das aber, antworte ich, ist euer Fehler, und ihr solltet es nicht dulden. Den Juden als Nation ist alles zu verweigern, den Juden als Menschen aber ist alles zu gewähren. Man darf ihre Richter nicht anerkennen, denn sie sollen nur die unseren haben ... Sie dürfen innerhalb des Staates keine politische Körperschaft, keinen Orden bilden. Sie sollen Bürger werden. Nun behauptet man, sie selbst wollen keine Bürger sein. Mögen sie es nur ausdrücklich erklären, dann sollen sie des Landes verwiesen werden. Es ist nicht hinzunehmen, dass es eine Gesellschaft von Nicht-Bürgern im Staate gibt und eine Nation in der Nation.[60]

Hier öffnete sich eine scheinbare Hoffnung. Das Exil kann in der Tat beendet werden. Die Emanzipation, die bürgerliche Gleichstellung sind Schlüssel dafür. Juden sind nicht mehr die Wanderer, sie können gleichberechtigte Mitglieder einer vermeintlichen Volksgemeinschaft sein, so wie alle anderen auch. Und als solche auch in der Tat an das Mit-Gefühl von Nicht-Juden appellieren. Und in diesem Versprechen machte sich gerade im Westen Europas der Widerspruch zwischen Nationalismus als homogenisierender Kraft einerseits und der Zerstreuung andererseits geltend. Im allgemeinen Willen der Nation darf es keinen partikularen Willen mehr geben. Ein wahrhaft revolutionärer Gedanke. Aber gleichzeitig der Beginn der Gewalt gegen diejenigen, die sich dem universalen Angebot widersetzen wollten. Partikulare Juden gehörten der Vergangenheit an, mussten „verbessert" werden, um zu Menschen zu werden. Wie jedes Erlösungsversprechen war es ein zweischneidiges Schwert. Auf der einen Seite brachte die Emanzipation die sogenannte „jüdische Frage" erst ins Bewusstsein, aber gleichzeitig war die jüdische Emanzipation für viele Juden in der Tat Befreiung. Dies bedeutete, dass die Ablehnung der Gleichberechtigung für Juden nicht länger toleriert werden sollte und dass Juden als Menschen eines bestimmten Glaubens (oder überhaupt eines Glaubens) in eine Gesellschaft gleicher Bürger integriert werden sollten. Die ständischen Beschränkungen sollten aufgehoben werden. Juden konnten theoretisch „gleich" werden. Nicht lange nach der Französischen Revolution dachte Karl Marx 1843 über die politische Emanzipation der Juden und ihr Scheitern nach und stellte das Versprechen der jüdischen Emanzipation infrage. Es ging Marx um die menschliche Emanzipation, die dann auch das generalisierte Mitgefühl garantieren sollte. Aber auch hier ging es um das Ende des Exils. Für Marx unterlief die Figur des Juden den universalen Anspruch der liberalen Gesellschaft. Damit wurden die Juden zur Minderheit. Wie Marx in seinem Essay *Zur Judenfrage* (ein Schlüsseltext für die europäische Judenfrage – oder besser Nicht-Judenfrage) betonen wollte, waren Juden zentral für die Herausbildung der modernen Gesellschaft mit ihren kapitalistischen und säkularen Zügen. Europäische Juden wurden zu den Hauptakteuren des europäischen Dramas, sie wurden zum Symbol der europäischen Moderne überhaupt und ihrer von vielen wahrgenommen Schattenseiten. Das war natürlich eine weitere Karikatur und wieder eine, die viel Macht über die Menschen ausgeübt hat und noch immer ausübt. Juden wurden Symbole für alle Paradoxien der Moderne, sie galten als Figuren der Partikularität, die den universellen Anspruch der Aufklärung unterlaufen. Juden wurden zu Außenseitern der Aufklärung, immer noch von traditionellen Riten und Gesetzen abhängig (das Problem der Emanzipation); aber gleichzeitig fungierten Juden als Symbol für Transnationalität, Heimatlosigkeit, Abstraktion, für mehrere Loyalitäten und die Geldwirtschaft (das Problem der Minderheiten). Das war das Paradox der europäischen Juden – ihre Partikularität war transnational. Und ihre Transnationalität war partikular. Dieses Paradox dürfte auch der Schlüssel zum europäischen Antisemitismus sein. Damit werden auch wieder für Juden und Jüdinnen die Grenzen des Mitgefühls neu gezogen. Und es war einer der Gründe, warum sich so viele Juden zum Marxismus hingezogen fühlten. Das war natürlich auch eine Falle, denn der Marxismus war unter anderem die Gegenbewegung des modernen Kapitalismus, mit seinen Eigenschaften des Marktes und der Demokratie, die das sogenannte jüdische Problem erst sichtbar machten. Ohne Markt und Demokratie hätten Juden es nie geschafft, in die bürgerlichen Gesellschaften einzudringen. Aber es war im wahrsten Sinne des Wortes ihre Eindringung, die diese Errungenschaften wieder aufheben wollten. Und aus diesem Dilemma konnten sich die Juden nie befreien. Und das ist auch heutzutage bei dem Mitgefühl für Fremde der Fall.

Der Text von Marx endet mit folgender Feststellung, die politisch Konsequenzen haben sollte:

Die gesellschaftliche Emanzipation der Juden ist die Emanzipation der Gesellschaft vom Judentum.[61]

Juden im Westen Europas wurden durch die Frage der politischen Gleichstellung und Staatsbürgerschaft definiert, während sie im Osten als Ethnie, als Kollektiv, als Minderheit verstanden wurden. Auch wird dadurch der Ort Europa anders verstanden. Orte mögen geographisch und politisch Österreich, Polen, Sowjetunion oder Ukraine heißen; aus jüdischer Perspektive heißt der Ort zum Beispiel Galizien, eine Bezeichnung, die der Habsburgischen Verwaltungsbürokratie folgt. Während Europa vor 1945 Teil der jüdischen Hoffnung auf Freiheit war, ist dieser europäische jüdische Traum heute entweder in den USA oder in Israel angesiedelt. In Amerika Jude zu sein wurde zu einer Variante der amerikanischen Identität, während in Europa Jude zu sein bedeutete, kein Europäer zu sein. Amerika wurde zur Erfüllung des europäischen Traums, weil zur Emanzipation nur der Atlantik überquert werden musste. Man konnte Gleicher unter Vielen sein. Israel wurde zur Erfüllung des europäischen Traums, weil Minderheitenrechte nun in Rechte der Mehrheit übersetzt wurden. Es war die Erfüllung der Emanzipationshoffnung im eigenen Land. Europa blieb nach 1945 weiterhin eine jüdische Hoffnung, aber nicht mehr auf europäischem Territorium. Jüdische Lebenswelten in Europa sind in der Vormoderne geprägt worden, und damit ist auch ihre Integration in die moderne europäische Welt der Nationalstaaten gescheitert. Dabei fällt auf, dass zwei (miteinander verwobene) Grenzsituationen normal, ja geradezu zur *conditio humana* am Beginn des 21. Jahrhunderts geworden sind: zum einen das alltägliche Ineinander der Welten, das an allen Orten der Welt zur Grunderfahrung geworden ist. Zum anderen bricht dieses ganz normale Chaos des Ineinander der Welten auch in den vielfältigen Formen hervor, in denen die drohende Apokalypse sich in unseren Alltag eingenistet hat.

Ein weiteres Beispiel: Die kulturellen Energien der Juden haben Europa in der Tat verlassen. Und wenn das so ist, was heißt das für das Mitgefühl? Wie ein Großteil des globalen Diskurses heute bewegt sich auch die Problematik des Mitgefühls zwischen dem Partikularismus der Nation und dem Universalismus der Welt. So kann auch die Erfahrung des Holocaust entweder als eine jüdische Erfahrung oder als eine Katastrophe verstanden werden, die der Welt gehört. Diese Welt ist heute vergessen. Ostgalizien (Westukraine) wurde in der jüdischen Erinnerung ein Ort des Grauens, der Vernichtung, des Hasses. Von der ethnischen Vielfalt Österreich-Ungarns ist nichts mehr übriggeblieben. Der ethnische Nationalstaat hat sich über das multiethnische Imperium gesetzt.

Ist das ein Mensch?

Und es stellt sich die Frage, was für eine Kategorie Mensch Juden sind und waren. Sind es Fremde, wie sie der Berliner jüdische Soziologe Georg Simmel schon zu Beginn des 20. Jahrhunderts beschrieb? Juden sind eigentlich Fremde, weil sie so vertraut sind. Das ist eine alte soziologische Binsenwahrheit, die von dem jüdischen Soziologen Georg Simmel schon 1908 formuliert wurde. Er wusste am eigenen Leib, wovon er schrieb: Es ist ihre Vertrautheit, die sie zu Fremden macht.

Der jüdische Zustand macht den menschlichen Zustand der Fremdheit für andere sichtbar. Und es geht dabei gerade um den Topos der Sichtbarkeit. In der sehr eigenen Sprache von Georg Simmel:

Die Einheit von Nähe und Entferntheit, die jegliches Verhältnis zwischen Menschen enthält, ist hier zu einer, am kürzesten so zu formulierenden Konstellation gelangt: die Distanz innerhalb des Verhältnisses bedeutet, dass der Nahe fern ist, das Fremdsein aber, dass der Ferne nah ist.[62]

Es ist interessant, diese Simmel'sche Gedanken – er schreibt ja über Juden in der Moderne – auf die heute Situation der Geflüchteten anzuwenden. Wie funktioniert Mitgefühl im Nexus von Distanz und Nähe.

Weiter mit Simmel:

Denn das Fremdsein ist natürlich eine ganz positive Beziehung, eine besondere Wechselwirkungsform; die Bewohner des Sirius sind uns nicht eigentlich fremd – dies wenigstens nicht in dem soziologisch in Betracht kommenden Sinne des Wortes -, sondern sie existieren überhaupt nicht für uns, sie stehen jenseits von Fern und Nah.[63]

Stimmt das heute noch so? Denn eigentlich sind geflüchtete Menschen von Sirius nach Simmel nicht fremd, sondern nicht existierend. Hier führt Simmel über die jüdische Geschichte her eine theoretische Möglichkeit weiter, die von den Schottischen Aufklärern geöffnet wurde. Mitgefühl ergibt doch erst Sinn, wenn man für den anderen existiert, wenn man sich also fremd ist. Das ist nicht romantische Entfremdung. Ganz im Gegenteil. Erst wenn wir uns gegenseitig fremd sind, können wir uns auch in den anderen Menschen „einfühlen". Was hat es daher mit dem Begriff des jüdischen Mitbürgers auf sich? Ist es der Mitbürger, dem Mitgefühl zusteht? In den Biografien vieler Geflüchteter spiegelt sich auch die jüdische Geschichte, ein bedeutender, wenn auch oft übersehener Strang der Geschichte Europas zwischen den Weltkriegen: eine Geschichte von Vielsprachigkeit neben den Einsprachigkeiten, von Wanderungen neben dem Gebundensein an Ort und Boden, von fluiden Selbstbildern und Kulturen neben nationalen Identitäten. Die jüdische Geschichte nahm voraus, was später Teil von Gesellschaften wurde, bevor Begriffe wie Heimatlosigkeit, flüssige Moderne, postmoderne Lebensformen, Ambivalenz und Ambiguität zum Handwerkszeug eines jeden angehenden Soziologen wurden. Simmel hat das schon vor mehr als 100 Jahren vorausgesehen. Geflüchtete sind also ein Ausdruck der Ambivalenz, sie sind da, stellen einen Anspruch, kommen aber von woanders, aber der Anspruch an andere existiert. Damit kann dieser Anspruch auf Mitgefühl natürlich auch verweigert werden. Das ist die Gegenkraft von Menschen, die nur mit „sich" etwas gemeinsam haben wollen. Fremde zeigen durch ihr Fremdsein eine alternative Welt auf, eine Welt, in der Zugehörigkeit nicht selbstverständlich ist und immer neu verhandelt werden muss. Juden innerhalb der deutschen „Volksgemeinschaft", also Juden, die so „aussahen" wie Nichtjuden, die so sprachen wie Nichtjuden, die im Ersten Weltkrieg fürs deutsche Vaterland ihr Leben ließen, das sind Juden, die die Nichtjuden ständig herausfordern. Es sind nicht die sichtbaren orthodoxen Juden, die sofort unterscheidbar sind, sondern gerade die unsichtbaren Juden, diejenigen Juden, die assimiliert und emanzipiert sind, die Fremde sind. Das wurde im Sommer 2015 nochmals performativ dargestellt. Es gab in Deutschland in dieser Zeit eine mitfühlende sogenannte Willkommenskultur. Die jüdischen Flüchtlinge, die während der 1930er Jahre aus der deutschen Volksgemeinschaft ausgeschlossen wurden, erlebten ihre metaphorische Rückkehr als muslimische Geflüchtete. Und die Debatten der Zugehörigkeit, des Mitgefühls, des Ausschlusses wurden in 2015 in Deutschland unter den Vorzeichen der 1930er Jahre geführt. Der Fremde wurde zum Flüchtling. Aus dieser Situation entwickelten sich zwei fast schon entgegengesetzte Einstellungen, was Mitgefühl angeht. Eine partikulare und eine universale.

Von der einen Seite hört man kritische Stimmen, die kritisch dem postnationalen Europa gegenüber stehen. Mehr noch, das postnationale Europa wolle die Nationen für die Schrecken des 20. Jahrhunderts bestrafen. Aber, so das Argument, es gibt keine postnationale Demokratie und damit auch kein postnationales Mitgefühl. Damit die Demokratie funktioniert, bedarf es einer gemeinsamen Sprache, gemeinsamer Lebensbezüge und eines gemeinsamen Projektes.[64] Wir werden nicht als Weltbürger geboren. Die menschlichen Gemeinschaften haben Grenzen. Dem trägt Europa nicht Rechnung. Deshalb kann sich die europäische Öffentlichkeit heute nicht für die Europäische Union erwärmen. Und die Geflüchteten haben darin keinen wirklichen Ort. Die andere Position sieht es als Illusion, dass man zurück zur nationalstaatlichen Idylle könne. Nicht nur Europa, sondern die ganze Welt befindet sich in einem Übergang, in dem die Grenzen, in denen sie Europa politisch denken, gar nicht mehr real sind. Diese Vision für Europa will die Nationen nicht überwinden, vielmehr sie im Zeitalter der Globalisierung überhaupt erst wieder handlungsfähig machen. In dieser Vision gehören die Geflüchteten dazu, unser Mitgefühl soll auf sie ausgeweitert werden. Es kann zwar nicht eindeutig bestimmt werden, warum Menschen ihre Entscheidung für einen universellen oder einen partikularen Standpunkt treffen, und ihre ökonomische Position erklärt sicher nicht alles. Was wir besser bestimmen können, ist wie sie diese beiden Standpunkte miteinander verhandeln. Für die Menschenrechtler werden die Personenkreise, denen ihr Mitgefühl zufließt, immer größer, Mitgefühl, aber auch Verstehen und Empathie sind nicht mehr auf die eigene Gruppe beschränkt. Es handelt sich um eine erweiterte Denkungsart. Gerade darum geht es bei den Menschenrechten. Kognitiv kann dies aus den zunehmend globalisierten Medien entstehen. Normativ wird mindestens das „distanzierte Mitgefühl" durch einen globalisierten Menschenrechtsdiskurs legitimiert. Zu einfach wäre es zu sagen, dass die einen moralische Helden und die anderen Bösewichte sind, dass die einen den Standpunkt der universellen Vernunft und die anderen den Standpunkt der partikularen Gruppe einnehmen. Und doch: Nicht alle Moralität ist partikular. Wir haben eine Verpflichtung gegenüber unseren Nächsten, aber wir haben auch eine universale Pflicht gegenüber der Menschheit. Jedoch denken nicht alle so. Es gibt diejenigen, die glauben, dass nicht alle Moralität universal ist und wir keine Kantianer sein wollen, die nach abstrakten kategorischen Imperativen leben. Gerade wenn wir über Mitgefühl nachdenken wollen, müssen wir auch eingestehen, dass auch sie eine Ethik ist, die an Partikularität gebunden ist, was dann auch heißt, dass man als konkreter Mensch an sein konkretes Dasein mit konkreter Verantwortung gebunden ist. Und dazu gehören die Geburt und die Geschichte. Das Sollen in dieser Einstellung ist immer ans Sein gebunden. Alles, was in der Welt geschieht, hat moralische Bedeutung. Aber nicht alle Moralität beruht auf Identität, sondern die Identität, das heißt die Antwort auf die Frage, wer wir im Endeffekt sind, ist ein Bestandteil der Moralität, da sie so leidenschaftlich und Teil unseres Lebens ist. Universalmaximen sind ohne die Leidenschaft der Identität nur leere Phrasen. Universalismus und Partikularismus sind beide „sowohl als auch". Nicht alles ist partikular. Die Wahrheit ist nicht partikular. Identität ist nicht alles. Und gleichzeitig: nicht alles ist universal. Identität ist Teil unseres Lebens. Die Tatsache unserer Individualität koppelt uns nicht von unserem Kollektiv ab. Individualität ist ein soziales Produkt und als solches ein Produkt unserer Wurzeln und der Gefühle und Erinnerungen, die sozial und kollektiv erzeugt werden. Es geht dabei darum, Denken und Fühlen, Moralität und Identität, das Sein und das Sollen kreativ miteinander zu verbinden. Es sind diese Spannungen, die in der Flüchtlingsfrage 2015 in Deutschland sich gegenseitig ausspielten.

Das Flüchtlingsdilemma von 2015 ist die Fortsetzung des Dilemmas des Mitgefühls gegenüber Juden und Jüdinnen in der dunklen Zeiten des Holocaust. Es war der schon erwähnte italienische Jude und Auschwitzüberlebende Primo Levi, der die Geschichte nicht den Tätern hinterlassen wollte, der dieses Dilemma so formulierte:

Ihr die gesichert lebet
In behaglicher Wohnung
Ihr, die ihr abends beim Heimkehren
Warme Speise findet und vertraute Gesichter:

Denket, ob dies ein Mann sei,
Der schuftet im Schlamm,
Der Frieden nicht kennt,
Der kämpft um ein halbes Brot,
Der stirbt auf ein Ja oder Nein.
Denket, ob dies eine Frau sei,
Die kein Haar mehr hat und keinen Namen,
Die zum Erinnern keine Kraft mehr hat,
Leer die Augen und kalt ihr Schoß
Wie im Winter die Kröte.
Denket, daß solches gewesen.
Es sollen sein diese Worte in eurem Herzen.
Ihr sollt über sie sinnen, wenn ihr sitzet
In einem Hause, wenn ihr geht auf euren Wegen,
Wenn ihr euch niederlegt und wenn ihr aufsteht;
Ihr sollt sie einschärfen euern Kindern.
Oder eure Wohnstatt soll zerbrechen,
Krankheit soll euch niederringen,
Eure Kinder sollen das Antlitz von euch wenden.[65]

Das ist der Beginn von Primo Levis, *Ist das ein Mensch*, einer der ersten Reflexionen über das Nicht-Leben in Auschwitz. 1947 in Italien erschienen hatte es damals kaum Leser gefunden. Es handelt um die Fähigkeit mit den Opfern der Judenvernichtung zu fühlen. Levi war sich oft sicher, dass das nicht gehen konnte. Es schien Levi auch klar zu sein, dass die Bedeutung für die Nachfahren der Opfer anders ist als für die Nachfahren der Täter. Kann das Mitgefühl in der Tat jenseits der Gedenkveranstaltungen universalisiert werden? Wie können Juden und Nichtjuden an diese Ritualen der Erinnerung gemeinsam agieren? Das ist ja auch, was Mitgefühl heißt. Die kollektive Konstitution dieser Erinnerungsrituale nahm Juden auch den Ort, wo es möglich war Jude und Deutscher zu sein, also gemeinsam mitzufühlen. Der Ort des assimilierten Juden, der vor 1933 so selbstverständlich war, gab es nach 1945 nicht mehr. Deutsche waren Juden gegenüberstellt, als ehemalige Täter und deren Opfer. Aus ehemals deutschen Juden wurden Juden in Deutschland. Aber Primo Levis Gedicht geht weiter. Ist das ein Mensch fragt, ob wir die Nachkommen irgendetwas gemeinsam haben mit denjenigen, die überlebten. Unsere These beruhte ja darauf, dass Mitgefühl in der Tat (Mit-)Gefühl ist, also Teil einer gemeinsamen Welt. Levi behauptet, dass das Mitgefühl hier ausgesetzt hat und keine Welt geteilt werden kann. Levi fordert das Denken über das Mitgefühl neu heraus. Er behauptet, dass diejenigen, die leiden, mit denjenigen, die ein bequemes Leben führen, absolut nichts gemeinsam haben.

Wir gedenken der Befreiung der Lager, aber können wir überhaupt irgendeine Verbindung mit denjenigen finden, die befreit wurden? Jeder, der mit Überlebenden aufgewachsen ist weiß, dass die eigene Welt mit der Welt der Eltern nicht mehr zu verbinden ist. Es gibt keine Kontinuität, allein das große schwarze Loch, in das die Kinder und auch Enkel der Überlebenden nur ganz bedingt blicken können. Und die Frage, die wir uns oft stellen mussten, ist die Frage, die auf Gedenkveranstaltungen eigentlich nie gestellt wird: Sind diejenigen, die dort waren und diejenigen, die abends heimkehren und warme Speisen finden, eigentlich Teil der gleichen Welt, der gleichen Menschheit?

Und doch klingen Levis Worte wie eines der wichtigsten jüdischen Gebete aus den Fünften Buch Mose, 6, 4–9[66])

Höre, Israel! Der Herr ist unser Gott, der Herr und sonst keiner.5 Darum liebt ihn von ganzem Herzen, mit ganzem Willen und mit aller Kraft. 6 Behaltet die Gebote im Gedächtnis, die ich euch heute verkünde! 7 Prägt sie euren Kindern ein und sagt sie euch immer wieder vor – zu Hause und auf Reisen, wenn ihr euch schlafen legt und wenn ihr erwacht. 8 Bindet sie euch zur ständigen Erinnerung an den Arm und auf die Stirn. 9 Schreibt sie auf die Türpfosten eurer Häuser und auf die Tore eurer Städte. (Einheitsübersetzung)

Ein neues Selbstverständnis des Gebetes öffnet sich. Aber was meint Levi eigentlich mit seiner Frage ob der Überlebende ein Mensch sei? Wie kann man diese Frage beantworten? Mit „ja natürlich“, das ist ein Mensch, verraten wir nicht die Erfahrung derjenigen, die dort waren, aber ist die andere Antwort, „nein, das ist kein Mensch mehr“, nicht genauso prekär und verräterisch? Die positive Antwort „ja“ ignoriert die Monstrosität der Verbrechen, die negative Antwort „nein“ bestätigt vielleicht die Entmenschlichung der Lager selbst. Levi spricht über das „ihr“, das abends nach Hause kehrt. Diesem „ihr“ steht das „wir“, die dort waren, gegenüber. Was haben sie überhaupt gemeinsam? Können wir, die warme Speise finden überhaupt wissen, was es heißt würdelos zu sterben. Es gibt keinen gemeinsamen Grund, auf dem wir gehen. Deshalb ist für Levi die Geschichte von Auschwitz die Geschichte derjenigen, die nicht überlebten, die Untergegangenen, wie er sie nennt. Sogar die Überlebenden wie er, die Geretteten, wie er sie nennt, kennen die wahre Geschichte nicht. Also über welches Wir können wir in der Tat sprechen, und wie gehen wir damit um, wenn kluge Dinge wie diese auf Gedenkveranstaltungen gesagt werden sollen?

Was sind die politischen und ethischen Konsequenzen, wenn wir beginnen, Levi ernst zu nehmen? Wie können wir die Welt der Untergegangen und Geretteten miteinander verbinden? Was bedeutet das für das Mitgefühl im Kapitalismus, das ja eigentlich universal sein sollte? Kann da überhaupt noch eine Welt geteilt werden? Für radikale Denker wie Bauman und Agamben geht es sicher auch darum, die Unterscheidungen zwischen dem totalitären Staat und dem liberalen Rechtsstaat. Damit soll auch ein neues universalisiertes Mitgefühl mit allen, fast schon unterschiedslosen Opfern der Moderne erzeugt werden. Aber die Folge ist auch der Verlust des Unterscheidungsvermögens: Auschwitz ist überall, an der Grenzkontrolle, in Gefängnissen, in Krankenhäusern, sogar die im Frühjahr erlassenen Maßnahme zur Kontrolle des Covid-19-Virus.[67] Die Lager können dann zum Beispiel für die Leitmetapher der Moderne selbst werden. Die für die Moderne so wichtige Unterscheidung zwischen einem verbrecherischen Staat und einem Staat, der Verbrechen begeht, wird dann aufgehoben. Dahinter verbirgt sich keine neue Aufklärung, sondern nur die Verachtung der Moderne. Und am Ende geht es nur um Brechung von Tabus. Mehr nicht. Hier soll es aber um Mitgefühl gehen.

Ich möchte diese Gedanken mit einer kleinen Geschichte beleuchten, die sich 1965 abspielte. Bei dieser Geschichte, die im Kern eigentlich alles enthält, worüber es in der Debatte um die Flüchtlinge 50 Jahre später geht, handelt es sich um einen Briefwechsel voller Missverständnisse. Die Partner in dieser sehr kurzen Korrespondenz sind Hannah Arendt und Hans Magnus Enzensberger. Nachdem Arendts Buch *Eichmann in Jerusalem* 1964 ins Deutsche übersetzt wurde, konstruierten auch viele junge deutsche Intellektuelle (darunter auch Enzensberger) Arendts Ansatz dort als eine Konstruktion, mit der sie glaubten arbeiten zu können. Der Begriff der „Banalität des Bösen" wurde zum Inbegriff einer universellen Sichtweise auf Täter, die bis zum heutigen Tag nachwirkt. Es geht um ein allgemeines Verständnis der Vergangenheit. Der kurze Briefwechsel zwischen Arendt und Enzensberger vom Januar 1965 stellte damals die Weichen, auf denen bis heute noch nicht nur epistemologisch, sondern auch gefühlsmäßig gefahren wird.[68] Hans Magnus Enzensberger war damals gerade 35 Jahre, Arendt schon ein wenig älter, knapp 60. Also nicht nur ein Briefwechsel zwischen einer Jüdin und einem Deutschen, einer nach Amerika geflohenen und einem in Nachkriegsdeutschland Aufgewachsenen, sondern auch ein Briefwechsel zwischen den Generationen. Enzensberger gehörte einer Generation an, die sich aus dem deutschen Nationalismus zu lösen versuchte und dies oft über einen links-liberalen transnationalen Moralismus versuchte.

Er veröffentlichte zu dieser Zeit eine Essaysammlung mit dem Namen „Politik und Verbrechen". Der Band enthält auch ein

Essay über den Eichmannprozess, der den Titel „Reflexionen über den Glaskasten" trägt. Der Essay trägt scheinbar Arendts Handschrift. Wie viele andere Leser auch, sah er in Arendts Interpretation von Adolf Eichmann den Prototypen eines Schreibtischtäters, der immer und überall existieren kann. In erster Linie wird hier verglichen, aber nicht unterschieden. Die Angst vor dem nuklearen Holocaust wird von Auschwitz abgeleitet. In Enzensbergers Interpretation wird nicht nur dasselbe Wort Holocaust für die nukleare Katastrophe benannt, sondern auch dieselben Mechanismen werden argumentativ angeführt. Der Holocaust wird seiner deutschen und jüdischen Besonderheit beraubt und der Nicht-Besonderheit eines allgemeinen Begriffs der Moderne untergeordnet. Enzensbergers Versuch, den Holocaust zu verallgemeinern steht natürlich in einer langen Reihe solcher Versuche, deren Bedeutung für das europäische Selbstverständnis wichtig wurde. Es ist wohl einer der ersten Debatten, die die Debatte um Achille Mbembe im Sommer 2020 vorwegnahmen. Nicht nur um historische Vergleiche geht es dabei, sondern um die Grenzen des Mitgefühls.

Die Debatte, ob der Holocaust vergleichbar sei ist natürlich nie zum Ende gekommen und reicht bis heute hin. Er war die tragende Kraft der deutschen Flüchtlingspolitik 2015 und die rechtspopulistische Reaktion darauf. Die Gegner der Willkommenskultur wollten mehr oder weniger bewusst nicht auf das Erbe der deutschen Vergangenheit erinnert werden. Für sie war Mitgefühl in der Tat partikular. Und diese Debatte wurde – diesmal auf der Ebene des Feuilletons – auch im Frühjahr und Sommer 2020 geführt, als es um den Vergleich des Holocaust und den kolonialistischen Verbrechen ging. Im Hintergrund geht es um historische Urteilskraft und wem Mitgefühl geschuldet wird. In dieser Hinsicht ist der vor 1965 Jahren gehaltene Austausch zwischen Arendt und Enzensberger eine Art Vorläufer von Debatten, die an ihrer Aktualität nichts eingebüßt haben.

Arendt sollte Enzensbergers Buch für die Zeitschrift „Merkur" besprechen und weigerte sich. Sie verwehrte sich der negativen Einvernehmung von Auschwitz von der Neuen Linken, die sie öfters auch als „Felix Culpa" (Das Glück der Schuld) bezeichnete. Sie warf Enzensberger eine hochkultivierte Form des Eskapismus vor, monierte vor allen Dingen jedoch seine Formel, nach der alle schuldig seien, was aus ihrer Sicht jedoch nur dazu führe, dass keiner wirklich schuldig ist. Der Austausch zwischen den beiden ist nicht nur ein Austausch zwischen den Generation, ein Austausch zwischen einer Jüdin und einem Deutschen, sondern auch ein Austausch über die Größe des „Wir" und wem Mitgefühl geschuldet ist.

Und ich zitiere aus ihrem Brief an Enzensberger:

Gerade das Spezifische und Partikulare ist wieder in der Sauce des Allgemeinen untergegangen. Wenn ein Deutscher das schreibt, ist es bedenklich. Es heißt: nicht unsere Väter, sondern alle Menschen haben das Unglück angerichtet. Was einfach nicht wahr ist. Außerdem, und gerade in Deutschland verbreitet und gefährlich: wenn Auschwitz die Konsequenz aller Politik ist, dann müssen wir ja noch dankbar sein, dass endlich einer die Konsequenzen gezogen hat. Oh, Felix Culpa. (Arendt/Enzensberger 1965, S. 381)[69]

Am 24.1.1965 antwortete Enzensberger. Er versucht seinen Standpunkt gegenüber von Arendt zu verteidigen. Er war offensichtlich überrascht, dass sie seine Ansicht nicht teilte. Er verteidigt die Legitimation der Vergleichbarkeit mit folgenden Worten:

Ich wähle diesen Vergleich nicht von ungefähr. Denn wenn ich, und seis mit den unzulänglichen Mitteln eines Menschen, der weder Anthropologie noch Historiker ist, über die Vorgeschichte von Auschwitz nachdenke, so tue ichs im Hinblick auf seine Zukunft. Die Endlösung von gestern ist nicht verhindert worden. Die Endlösung von morgen kann verhindert werden. (Ebd., S. 382)

Enzensberger ist aber nicht bereit, weder die Partikularität der Judenvernichtung zu akzeptieren, noch die Tatsache, dass es bedenklich sei, so etwas als Deutscher zu sagen. Und ich zitiere weiter:

Erlauben sie mir, bitte, zum Schluss noch eine Bemerkung zu ihrem Satz „Wenn ein Deutscher das schreibt, ist es bedenklich. (Ebd., S. 383)

Und Enzensberger fragt Arendt, ob denn die Richtigkeit eines Satzes mit der Nationalität von demjenigen abhängt, der ihn ausspricht. Ob also Epistemologie von Ethnizität abhängt. Auch wenn nicht so von Enzensberger formuliert, so ist das doch einer der Schlüsselprobleme unserer Frage. Enzensberger formulierte es so (und ich zitiere wieder):

Diesem argumentum ad nationem bin ich oft begegnet ... Alles was er sagt, wird dann zum bloßen Appendix seiner Nationalität ... Und ebenso – verzeihen Sie mir, ich kann nicht anders – ist mir an den Untaten der Deutschen das schlimmste nicht, dass Deutsche sie begangen haben, sondern dass solche Untaten überhaupt begangen worden sind, und dass sie wieder begangen werden können. (Ebd., S. 383)

Arendt ließ sich nicht darauf ein und sie bestand darauf, dass es sich in erster Linie um ein deutsches Problem handelte:

Nun ist es aber faktisch in Deutschland passiert und damit vorerst zu einem Ereignis deutscher Geschichte geworden, für das politisch, aber nicht moralisch, alle Deutschen heute die Haftung übernehmen müssen ... Nur in Deutschland ist Auschwitz sogar eine innenpolitische Frage. (Ebd., S. 384)

Aber mehr als das, sie wollte nicht mit ihm einverstanden sein, dass Auschwitz mit anderen Kriegshandlungen vergleichbar sei. Die Debatte von Arendt und Enzensberger nimmt also viele der nachfolgenden Debatten um die Vergleichbarkeit des Holocaust mit anderen grausamen Kriegshandlungen voraus. Für Arendt hatten der Krieg und die Vernichtung der Juden nichts gemein:

> *[...] kurz gesagt, Hiroshima. Ich bin der Meinung, das ist ein Kurzschluss, der allerdings nahe liegt, weil beide Ereignisse nahezu gleichzeitig im Verlauf des Krieges eingetreten sind. Dabei wird übersehen, dass nur Hiroshima und das Städtebombardement (Dresden) mit der Kriegsführung zusammenhingen und in der Tat anzeigten, dass in einem mit modernen Mitteln geführten Krieg der Unterschied zwischen Krieg und Verbrechen nicht mehr aufrechtzuerhalten ist. Aber Auschwitz hatte mit Kriegsführung nichts zu tun. (Ebd., S. 385)*

Ich habe diesen Briefwechsel so ausführlich zitiert, weil er die Mechanismen des allgemeinen Mitgefühls ausleuchtet. Bei Enzensberger versuchten diese Mechanismen die Partikularität der Opfer und der Täter des Holocaust herunterzuspielen. Aus persönlichen wurden unpersönliche Kategorien. Es konnte immer wieder in Vergangenheit und Zukunft geschehen. Der Holocaust wurde dadurch zu einer Kategorie des Völkermordes – das universale Verbrechen gegen die Menschheit schlechthin. 55 Jahre später wurden ähnliche Debatten geführt mit anderen Rollen. Aber bei Arendt waren es auch ihre Gedanken zu Mitleid als politisches Prinzip, die sie wohl dazu führten, den Universalismus Enzensbergers anzugreifen. Sie sah ein universalisiertes Mitgefühl, mit dem sie nichts anfangen konnte. Wenn wir also davon ausgehen, dass die Endlösung in erster Linie die Endlösung der Judenfrage war und keine Kriegshandlung, dann ist das keine historische Aussage, sondern eine, die auf Identität und Zugehörigkeit beruht. Weiter gedacht war die Endlösung auch kein Verbrechen gegen die Menschheit, wie es auch keine Menschenrechtsverletzung war. Es war ein an den Juden begangenes Verbrechen. Einerseits historisches Urteil, andrerseits auch Teil des Kampfes um die Deutungshoheit.

Die Grundlagen für ein transnationales Gedächtnis in Europa, das auch Mitgefühl über die Grenzen her definiert, sind über die andauernde Auseinandersetzung mit der Judenvernichtung entstanden, wie man das auch sehr deutlich am 60. Gedenktag der Befreiung von Auschwitz im Jahre 2005 am 27. Januar 1945 sehen konnte. Der damalige UN Generalsekretär Kofi Annan war sich der Globalisierung der Erinnerung durchaus bewusst:

Das Böse, das zum Tod von sechs Millionen Juden und anderen in den Lagern geführt hat, bedroht noch heute jeden von uns. Jede Generation müsse wachsam sein, um sicherzugehen, dass sich solche Ereignisse nicht erneut abspielten ...[70] –

so Annan in seiner Rede zur Befreiung von Auschwitz. Auf der einen Seite wird die sich globalisierende Welt von einem sich ausweitenden menschenrechtlichen Diskurs angetrieben und auf der anderen Seite gehen hier begriffliche Trennschärfen von Auschwitz als das singuläre Verbrechen an den Juden verloren. Das konnte man auch 2015 in der sogenannten Willkommenskultur erkennen, die diese Debatten dann in die Praxis umsetzten. Arendt und Enzensberger haben vor knapp einem halben Jahrhundert eine kurze Debatte geführt, die bis heute anhält. Beide haben auf ihr jeweiliges Gedächtnis gepocht. Beide hatten wohl von ihrem jeweiligen Standpunkt aus Recht. Und beide Standpunkte sind eigentlich nur verschiedene Facetten des gleichen Phänomens, und am Ende kann man das Eine ohne das Andere nicht verstehen. Es geht also letztlich darum, zu werten und zu urteilen. Modernes Mitgefühl ist nicht uferlos, sondern wägt ab, wer es verdient haben mag und wer nicht. Und es kommt dabei immer auf die Sprecher an. Das Leiden der Anderen muss ernst genommen werden und mitfühlende Menschen müssen an die Ähnlichkeit zwischen ihnen und den leidenden Personen glauben. Und vielleicht noch wichtiger ist die „Unschuld" des leidenden Menschen. Wenn leidende Menschen so wahrgenommen werden, dass sie ihr Leid mitverursacht haben, dann kann Mitgefühl auch ausgesetzt werden.

Diese Prozesse der allgemeinen und jüdischen Geschichte liefen in der Flüchtlingskrise von 2015 zusammen. Der letzte Satz von Arendts „Wir Flüchtlinge" –

> *Die Gemeinschaft der europäischen Völker zerbrach, als – und weil – sie den Ausschluss und die Verfolgung seines schwächsten Gliedes duldete (Arendt 2019, S. 52) –*

hatte nun neue Resonanz. Nur war diesmal der Begriff des „seines schwächten Gliedes" weitergefasst und vielleicht ironischerweise von Juden auch auf syrische Muslime übertragen. Auch hier steht ein ikonisches Bild Pate zur Politik des Mitgefühls.

Der nicht mal dreijährige syrische Aylan Kurdi wurde am 2. September 2015 ertrunken am Strand in der Türkei geborgen. Das Foto ging schnell um die Welt und all die oben genannten Prozesse wurden in Bewegung gesetzt. Es wurde zum Bild der humanitären Flüchtlingstragödie in Europa nach dem Zweiten Weltkrieg. Aber die Frage, die uns in diesem Essay bewegt, ist die Frage nach der Identifikation. Mehr als 20 Millionen Menschen sahen das Foto in den nächsten Tagen. Wen sahen die europäischen Betrachter und Betrachterinnen, als sie den kleinen Jungen tot am Strand betrachteten? Sahen sie ihr eigenes Kind, wie der gleich am folgenden Tag veröffentlichte Hashtag #CouldBeMyChild sehr deutlich zeigt? Auch wenn man kritisch über die sogenannte „Mitleidsmüdigkeit" spricht und schreibt, bestätigt ja die Existenz dieses Begriffes die Stärke des Gefühls von dem man ermüdet sein kann. Mitgefühl funktioniert wie die Leidenschaft für Gleichheit, sie kann nie vollständig befriedigt werden. Je mitfühlender wir sind, desto mehr Mitgefühl wird erwartet. Daher wohl auch die ständigen Vergleiche mit den jüdischen Flüchtlingen aus dem Nazi-Regime als Referenzpunkt. Gerade in England wurden Erinnerungen des sogenannten „Kindertransportes" wach, als 1938 und 1939 10 000 jüdische Kinder von Deutschland nach England gebracht wurden. Ein Denkmal am Bahnhof Friedrichstrasse erinnert daran und auch hier wurden dieselben Referenzen gezogen. Sicherlich nicht überall und die Tatsache, dass die Holocausterinnerung in den neuen europäischen Staaten eine kleinere Rolle spielt führte auch dazu, dass in Staaten wie Polen und Ungarn das Mitgefühl gegenüber Geflüchteten nicht zur staatlichen Politik wurde. Diese Form des Mangels an Holocaustmitgefühl konnte man auch in den Gegnern der sogenannten „Willkommenskultur" sehen. Die Ikone Aylan Kurdi und der Kindertransport stehen auch für die Unschuld der Kinder und sind in der Hinsicht zugleich eine Fortsetzung des Kinderschutzes aus dem 19. Jahrhundert. Sie können das Mitgefühl erweitern. Nicht allen Geflüchteten wird dieses Mitgefühl vermittelt. Erwachsene werden oft von den Gegnern als sogenannte „Wirtschaftsflüchtlinge" beschrieben.[71] Als solche – so glauben diejenigen, die diesen Begriff benutzen – besonders mit dem Präfix „nur", verdienen sie „unser" Mitgefühl nicht. Hier eröffnet sich ein Paradox des bürgerlichen Mitgefühls. Auf der einen Seite ist diese Politik des Mitgefühls durch Kapitalismus (Markt und Demokratie) erst entstanden, auf der anderen Seite muss es aber versteckt werden, dass der Anlass zur Flucht ein wirtschaftlicher war, oder einer der wesentlichsten kapitalistischen Gründe, nämlich die eigene wirtschaftliche Lage zu verbessern, nicht legitim ist, um Anspruch auf unser Mitgefühl zu fordern. Sogenannte Wirtschaftsflüchtlinge werden als Konkurrenten um Arbeitsplätze eingeschätzt, während politische Flüchtlinge eher verklärt romantisch als Menschen beschrieben werden, die zu „uns" kommen, um frei zu sein. Der Zusammenhang aber zwischen Freiheit und Markt wird häufig ignoriert. Auch das hat diese Bewegung mit den Reformen des 19. Jahrhunderts gemeinsam, als Reformer oft dachten, dass sie einfach aus Güte handeln, aber die sozialen Strukturen ihres eigenen Handelns nicht sahen.

Sowohl der „Gedächtnisimperativ" als auch die Anerkennung

des Anderen erfordern wiederkehrende Formen der Vermittlung, um das Menschenrechtsregime aufrechtzuerhalten. Hier spielt die Globalisierung von Medienbildern eine entscheidende Rolle. Die Globalisierung der Kommunikationstechnologien stellt nationale Identitäten infrage, indem sie den Betrachter mit der Anwesenheit anderer konfrontiert. Dabei geraten Ideen über die Welt in Konflikt mit Ideen über die Nation. Selbst Fernsehzuschauer, die ihre Heimatstadt nie verlassen, müssen globale Wertesysteme, die anderswo produziert werden, in ihren nationalen Bezugsrahmen integrieren. Der Aufstieg der schnellen, elektronisch gestützten Kommunikation hat zu einem ineinandergreifenden System ohne nationale Grenzen geführt. Die unmittelbare Geschwindigkeit und die Bilder der neuen globalen Kommunikation ermöglichen ein gemeinsames Bewusstsein und kosmopolitische Erinnerungen, die territoriale und sprachliche Grenzen überschreiten. Das heißt natürlich nicht, dass alle westeuropäischen Staaten eine mitfühlende Kultur zeigten, aber all diese Staaten vermitteln sie andern. Es ist natürlich kein Zufall, dass der intellektuelle Nachfolger Foucaults, Giorgio Agamben, die Rolle des Flüchtlings als die Verkörperung des „nackten Lebens" sieht, an dem die neueste Biopolitik angewendet wird.[72] Was für Foucault die humanitären Reformen des 19. und 20. Jahrhunderts waren, das sind für Agamben die angewandte Politik gegen Flüchtlinge. Wie bei Arendt wird auch bei Agamben der Flüchtling zum Paradigma, aber es ist ein Paradigma des Angriffes auf die Souveränität und den liberalen Staat, was Arendt – auch aus ihrer eigenen Flüchtlingssituation – nicht im Sinne hatte. Für Agamben würde Mitgefühl für Flüchtlinge keine Lösung sein. Es geht ihm nicht um mehr Rechte, sondern um die Aufhebung der Unterscheidung zwischen der Welt der Lager und „unserer" Welt. Humanitäre Organisationen, die sich um die Belange der Geflüchteten kümmern, spielen in diesem Sinner nur die Machtfunktionen aus, die der Staat bei Foucault in der Überwachung und Reformen unseres Gesundheits- und Gefängnisreformen ausüben. Mitgefühl ist Macht, und mitfühlen ist Macht ausüben. Zu diesem humanitären Regime gehören auch medizinische und hygienische Regulierungen, wie man sie oft in Flüchtlingslagern finden kann.[73] Es ist natürlich nicht überraschend, dass Agamben zu Beginn der Corona-Krise im März 2020 ähnliche Mechanismen ausgespielt sah. Nicht um Schutz der Bevölkerung ging es, so Agamben, sondern um die Machtausübung des Staates. Dies sind Argumente, die die auf Mitgefühl bestehende Politik seit mehr als zwei Jahrhunderten begleiten. In seiner Auffassung sind wir alle auf dem Kontinuum der Geflüchteten und Menschenrechte, und Mitgefühl spielt keine Rolle mehr in der modernen Politik. Die Ausnahme wird zur Regel und die Regel zur Ausnahme, es gibt keine Verhandlungen zwischen den beiden. Totalitarismus ist unser Leben geworden und Menschen waren nie unfreier als jetzt. Obwohl Agamben sich auf Arendt berufen will, ist diese Berufung nicht wirklich gelungen. Arendt kritisierte natürlich auch die Konzentration der Moderne auf das bare Leben, aber sie sucht ständig nach Auswegen. Das ist auch wörtlich gemeint, da sie selbst aus Deutschland über Frankreich in die USA flüchtete, dort Staatsbürgerschaft und Arbeit bekam und aus ihrem jüdischen Schicksal die Welt nicht so einseitig wie Agamben verstehen wollte. Sicher glaubte sie nicht an Mitgefühl oder Mitleid als politisches Instrument, ganz im Gegenteil, aber sie glaubte an menschliche Pluralität und an die Möglichkeit durch politische Aktion und Gespräch Solidaritäten zu schaffen. Vielleicht nicht Mitgefühl, aber mitdenkend und eine gemeinsame Welt teilend. Weniger hochtragend mag das auch der Wille der Geflüchteten sein, irgendwo (in Europa) einen neue Heimat zu finden, wie Arendt sie in den USA fand. Damit ist die „Willkommenskultur" ein Mitfühlen, den Heimatbegriff zu verallgemeinern. Wir wollen und sollen alle vom Staat beschützt werden, eine Einstellung, die für Agamben verschlossen bleiben muss. Wir leben in einem ständigen Kontinuum zwischen Vergangenheit und Zukunft und sind auch damit beschäftigt was die Zukunft bringen wird, wie sie in der Tat auf uns zukommen wird. Hoffnung gehört dazu. Die radikale Utopie Agambens ist hoffnungslos, das Mitgefühl, gerade weil nicht perfekt, voller Hoffnung. Hoffnung ist genau das, was man braucht, wenn die Zukunft nicht mehr berechenbar ist und eine Weltordnung auseinanderbricht. Bei Mitgefühl geht es auch um einen Neubeginn, einen, der die Gegenwart fortsetzt, aber auch einen, der sie neu erschafft und ihre Neuheit versteht, indem dieses Mitgefühl einen Dialog zwischen Gegenwart und Vergangenheit aufrechterhält. Hier ist auch der Beginn einer soziologischen Ethik, was Arendt „Natalität" nannte, den Zustand des Geborenwerdens, der Freiheit.

Schluss
Mitgefühl als Ethik des *Nie Wieder*

Wie wir in den vorangegangenen Kapiteln gezeigt haben, hat das Mitgefühl, dass sich auch in einer „Ethik des *Nie Wieder*" zeigt, einen transzendenten Horizont. Es geht um die Grenzen zwischen dem Profanen und dem Heiligen sowie um den heiligen Charakter der Existenz. Mitgefühl ist zentral in dieser Auffassung und Ausdruck einer sich selbst bewussten Moderne. Und etwas Ähnliches kann man heute auch über die „säkulare" Religion der Ethik des *Nie Wieder* und des Mitgefühls sagen. Auch diese hat transzendentale Züge und stellt den Menschen in den Vordergrund – nicht die Vorstellung eines abstrakten Menschen, sondern den greifbaren Menschen. Moralischer Individualismus ist sozial und manifestiert sich in der Pluralität des Menschen. Sowie man nur mit anderen „mitfühlen" kann. Die Religion der Menschheit manifestiert sich nicht in der Idee der Menschheit, sondern in der Praxis derselben. Mitgefühl kann daher sowohl ideologisch als auch utopisch sein. Es beginnt mit dem Körper und seiner Verletzlichkeit – seiner Sterblichkeit. Und daher sind Bilder so wichtig, die diese Sterblichkeit vermitteln. Bilder zu betrachten bedeutet nicht, sich in den privaten Welten einzelner Erzählungen zu verlieren. Bilder vermitteln zwischen dem Universalen und dem Besonderen unserer Verwundbarkeit. Und durch das Betrachten werden wir in der Tat mitfühlend, ob wie wollen oder nicht. Das wesentliche der bürgerlichen Moral ist, dass wir moralisch handeln und fühlen können, ohne ausgesprochen moralisch sein. Nicht um emphatisches Empfinden geht es dabei. Bürgerliches Mitgefühl funktioniert ohne Metaphysik. Es ist genau dieser Widerspruch zwischen dem Ganzen, das Sinn ergeben soll und der Vielfalt des Lebens. Ich meine hier eine

Gesellschaft von Fremden, die ihre Entfremdung als Chance für Freiheit begreift. Und zu dieser Entfremdung gehört auch das Mitgefühl. Es ging mir darum zu zeigen, dass sich moralische Gefühle geändert haben. Die Revolution der Gefühle entstand im anglosächsischen Raum und von dort wurde sie wie die Ideale der Französischen Revolution in große Teile der Welt getragen. Diese Revolution in der Gefühlswelt moderner Menschen ist der kapitalistischen Ordnung geschuldet, wie sie sich in Markverhalten und Demokratie zu Schlage kommen. Das heißt natürlich nicht, dass Kapitalismus uns zu besseren Menschen macht. Aber auch das Gegenteil ist nicht der Fall.

Im Westen Deutschland wurde diese Revolution mit der amerikanischen Besatzung nach 1945 beschleunigt. Erinnerungen an die großen Kriege haben die Sensibilität für Menschenrechte verändert, zumindest in westlichen liberalen Demokratien. Diese neuen Sensibilitäten sind zu einem wichtigen Faktor geworden, wenn es um das Verständnis des Mitgefühls geht. Als Zuschauer sind wir ständig gezwungen, Leiden fremder Menschen in unserem Alltag zu integrieren. Was sollte oder kann getan werden? Und warum geht es uns was an? Sind wir als Zuschauer einfach Bürger unserer eigenen kleinen „Polis“, oder sind wir Bürger des „Kosmos“? Sind „wir“ für das Leid entfernter anderer verantwortlich? Wie sollen Menschen reagieren, wenn sie mit Bildern der Geschlagenen, Gefolterten und Ermordeten konfrontiert werden? Mit Mitgefühl? Was bedeutet Mitgefühl im Kontext einer globalisierten Menschenrechtspolitik? Ich hatte Mitgefühl so definiert, dass es einen aktiven moralischen Impuls beinhaltet, sich um das Leiden anderer zu kümmern und auf diejenigen ausrichtet, die außerhalb unserer persönlichen Kontakte liegen – dann wird es zu öffentlichem Mitgefühl. Meine These war, dass die Veränderungen unserer Sensibilitäten mit dem Aufstieg des Kapitalismus zusammenhängen. Das ist eine ungewöhnliche These, da mit dem Aufstieg des Kapitalismus normalerweise keine oder negative Veränderungen in unserer Gefühlswelt registriert werden. Kapitalismus erzeugt Gefühlskälte und „wärmere“ Gefühle sind Überbleibsel einer älteren Welt heißt es. Und wenn wir diese Gefühle erkennen, dann werden die mitfühlenden als moralische Helden, ja als Heilige, beschrieben, wo es keine soziologische Erklärung geben kann. Mir ging es darum, diese Verknüpfung von Mitgefühl und Kapitalismus aufzuzeigen, aber diese jenseits von sozialer Kontrolle und Klassenhegemonie zu analysieren. Mein Anliegen war es, eine soziologische Alternative anzubieten, diese Prozesse zu verstehen, eine andere Beschreibung der Wirklichkeit zu erzählen. Sicher gibt es Klasseninteresse und soziale Kontrolle, ich will das den kritischen Kollegen und Kolleginnen gerne zugestehen. Und sicher gibt es auch eine „Wahlverwandtschaft“ zwischen Selbstinteresse und Klasseninteresse, auch das sei zugestanden, aber ich möchte behaupten, dass das Konzept des Klasseninteresses mehr verschleiert und maskiert, als es diese Prozesse offenlegt. Mir ging es darum zu zeigen, dass kapitalistische Verhältnisse einen kognitiven Wandel verursachten, die unsere gegenseitige moralische Verantwortung veränderten. Die Expansion des Marktes und auch die Verstärkung der Disziplin des Marktes und dessen Eindringen in Bereiche, die vorher kaum damit in Berührung kamen. Damit wurde auch eine neue integrative Kausalität in menschlichen Angelegenheiten freigesetzt. Es ging mir also weniger um die Demaskierung der sozialen Prozesse, sondern darum zu zeigen, dass sie eigentlich ohne Maske in unsere Geschichte zu erklären sind. Mitgefühl ist keine Maske, es ist das Gesicht der Moderne. 200 Jahre nach immerwährender Kritik der Marktgesellschaft, scheinen wir vergessen zu haben wie brutal und grausam die Welt davor war. Und Max Weber hat in seiner Studie über die protestantische Ethik schon gezeigt, dass Kapitalismus nicht unbedingt Gier heißt, sondern eher die Kontrolle über die eigenen Bedürfnisse. Und Adam Smiths „Unsichtbare Hand“ war in der Tat als unsichtbar gedacht. Ein unpersönlicher Mechanismus, der persönliche Formen der Kontrolle ablösen sollte. Und wenn man das, so wie

Friedrich Nietzsche und die kritische Beschreibung dieser Prozesse als eine internalisierte Aggression auf sich selbst liest, dann kann man natürlich dem daraus entstehenden Gewissen keine Tugenden abgewinnen. Und wenn man den Holocaust als die Erfüllung der Moderne beschreibt, ist dieser natürlich auch nichts abzugewinnen. In meinen Augen ist die Aufklärung nicht gescheitert, sondern ist sich der Ambivalenz ihrer eigenen moralischen Vorlagen mehr als bewusst. So wie die Aufklärung Juden und Jüdinnen aus der Tradition befreite, hat sie sie auch verwundbarer für Angriffe auf sie gemacht. Der Angriff auf das Mitgefühl war auch der Angriff auf die jüdischen Lebenswelten.

Mitgefühl ist Teil des Kapitalismus. Es ist ein moralisches Gefühl und keine Ideologie der Kontrolle und Herrschaft. Obwohl viele Kritiker uns durchaus überzeugende Studien geliefert haben, wie die Moderne moralische Gefühle zerstört, ging es mir darum zu zeigen, wie sie neue moralische Gefühle im wahrsten Sinne des Wortes hervorzaubert. Auch wenn Max Weber von der Entzauberung der Welt als das Merkmal der Moderne schrieb, verstehe ich Mitgefühl als Teil eines bleibenden Zaubers. Es ist eine realistische soziale Tatsache, die in Geschichte und Erfahrung gewoben ist. Sie beruht auf dem Leben der Menschen, ihrer Würde und ihrem Wunsch, ohne Qual und Schmerz leben zu können. Mitgefühl muss nicht immer sichtbar sein, um zu funktionieren. Menschen sind mitfühlend, weil sie es so wollen, was auch heißt, dass sie Mitgefühl verweigern können. Es ist gerade die Klage um das Fehlen von Solidarität und Mitgefühl, dass Solidarität und Mitgefühl ins Zentrum der Debatte holt. Es geht um nicht weniger, als den vielgeschmähten Begriff der Humanität zu erneuern. Die inzwischen schon fast überschäumende Kulturkritik, die auch den Begriff des Menschen, der Humanität, der Freiheit, der Individualität als westliche Unterdrückungsmechanismen feiert, argumentiert und kritisiert im Horizont der stabilen wirtschaftlich-technischen Zivilisation und Gesellschaft, deren Existenz nie infrage gestellt war. Die Moderne sollte sich ihrer eignen gefährdeten Modernität bewusst werden, ihrer eigenen „Heiligkeit“. Das ist der Ursprung einer alt-neuen Aufklärung und einer ringenden Theorie des Mitgefühls: Die Angst vor neuen, barbarischen Alternativen. Mitgefühl stützt sich auf die Erinnerung an historische oder fiktive Ereignisse, die davon erzählen, was passiert, wenn Mitgefühl ausgesetzt wird. Mitgefühl basiert nicht auf der Hoffnung auf bessere Zeiten, sondern auf der Furcht vor schlechteren. Historisches Gedächtnis gehört genauso dazu wie die soziologische Fantasie.

Bibliografie

Agamben, Giorgio 1998: Homo Sacer. Sovereign Power and Bare Life. Stanford: Stanford University Press.

Ders. 1999: Remnants of Auschwitz. The Witness and the Archive. New York. Zone Books.

Arendt, Hannah 1943: We Refugees. In: Menorah Journal 1, S. 69–77. Deutsche Übersetzung: Wir Flüchtlinge. In: Wir Juden. Schriften 1932–1966 (hrsg. von Knott, Marie Luise und Ursula Ludz). München: Piper, S. 37–52.

Dies. 1955: Elemente und Ursprünge totaler Herrschaft. Frankfurt am Main: Europäische Verlagsanstalt.

Dies. 1960/1999b: Rede anlässlich der Verleihung des Lessingpreises 1959. Hamburg: Europäische Verlagsanstalt.

Dies.1963: On Revolution. New York: Viking.

Dies. 1964: Eichmann in Jerusalem. New York: Viking.

Dies. 1993. Was ist Politik? München: Piper.

Hannah Arendt und Walter Benjamin, (Essay, 1986/71). In: Schöttker, Detlev und Erdmut Wiziska, (Hrsg.): Arendt und Benjamin. Texte, Briefe, Dokumente. Frankfurt am Main 2006, S. 45–98.

Dies. und Gershom Scholem 2010: Der Briefwechsel. Berlin: Suhrkamp.

Dies. 2019: Vor dem Antisemitismus ist man nur auf dem Monde Sicher. München: Piper.

Baer, Alejandro and Natan Sznaider 2016: Memory and Forgetting in the Post-Holocaust Era. The Ethics of Never Again. Routledge.

Battenberg, Friedrich 1990: Das Europäische Zeitalter der Juden, II. Darmstadt: Wissenschaftliche Buchgesellschaft.

Bauman, Zygmunt 1989: Modernity and the Holocaust. Cambridge: Polity Press.

Ders. 1993: Postmodern Ethics. Oxford: Blackwell.

Ders. 1995: Life in Fragments: Essays in Postmodern Moralities. Oxford: Blackwell.

Ders. 2000. Liquid Modernity. Cambridge: Polity Press.

Ders. 2006. Liquid Evil. Cambridge: Polity Press.

Beck, Ulrich 2004: Der kosmopolitische Blick. Frankfurt: Suhrkamp.

Ders. und Werner Bonß 2001: Die Modernisierung der Moderne. Frankfurt: Suhrkamp.

Beck, Ulrich and Natan Sznaider 2006: Unpacking Cosmopolitanism for the Social Sciences: A Research Agenda. In: British Journal of Sociology 57 (1), S. 1–23.

Dies. 2011: Self-Limitation of Modernity. The Theory of Reflexive Taboos. In: Theory and Society 40 (4), S. 417–436.

Boltanski, Luc 1993: La Souffrance a Distance. Paris: Metaille.

Blumin, Stuart M. 1989: The Emergence of the Middle Class: Social Experience in the American City, 1760–1900. New York: Cambridge University Press.

Cartwright, David 1984: Kant, Schopenhauer, and Nietzsche on the Morality of Pity. In: Journal of the History of Ideas 45, S. 83–98.

Cheyette, Bryan 2014: Diasporas of the Mind. Jewish and Postcolonial Writings and the Nightmare of History. New Haven: Yale University Press.
Crane, S. R. 1934: Suggestions Toward A Genealogy of the ‚Man of Feeling'. In: ELH: A Journal of English Literary History 1, S. 205–230.
Dickey, Lawrence 1986: Historicizing the ‚Adam Smith Problem': Conceptual, Historiographical, and Textual Issues. In: Journal of Modern History 58, S. 579–609.
Dirks, Christian 2001: „Selekteure als Lebensretter: Die Verteidigungsstrategie des Rechtsanwalts Dr. Hans Laternser" in Gerichtstag halten wir über uns Selbst: Geschichte und Wirkung des Frankfurter Ersten Auschwitz-Prozess (hrsg. im Auftrag des Fritz Bauer Instituts von Irmtrud Woyak). Frankfurt am Main: Campus, S. 163–192.
Durkheim, Émile 1992: Über die Soziale Arbeitsteilung. Frankfurt: Suhrkamp.
Ders. (1986/1898): Der Individualismus und die Intellektuellen. In: Bertram, H. (Hrsg.): Gesellschaftlicher Zwang und moralische Autonomie. Frankfurt am Main: Suhrkamp, S. 54–70.
Dylan, Bob 2004. The Lyrics: 1962–2012. New York: Simon and Schuster.
Elias, Norbert 1976: Über den Prozess der Zivilisation. Frankfurt am Main: Suhrkamp.
Ders. 1992: Studien Über die Deutschen. Frankfurt am Main: Suhrkamp.
Enzensberger, Hans Magnus 1964: Politik und Verbrechen. Frankfurt am Main: Suhrkamp.
Erikson, Kai 1994: A New Species of Trouble: Explorations in Disaster, Trauma, and Community. New York: Norton.
Fassin, Didier 2012: Humanitarian Reason. A Moral History of the Present. Berkeley: University of California Press.
Foucault, Michel 1973: Wahnsinn und Gesellschaft. Frankfurt am Main: Suhrkamp.
Ders. 1988: Die Geburt der Klinik. Frankfurt am Main: Fischer.
Ders. 1992: Überwachen und Strafen. Frankfurt am Main: Suhrkamp.
Frevert, Ute 2019: Kapitalismus, Märkte und Moral. Wien: Residenz Verlag.
Gatrell, V.A.C. 1994: The Hanging Tree: Execution and the English People 1770–1868. Oxford: Oxford University Press.
Gilbert, Martin 2002: Nie Wieder! Die Geschichte des Holocaust. Berlin: Ullstein.
Gödde, Christoph 2006: Walter Benjamin. Gesammelte Briefe, Band 1: Briefe 1910–1918, Frankfurt am Main: Suhrkamp.
Goffman, Erving 1972: Behavior in Public Places. New York: Penguin.
Greenberg, Karen (Hrsg.) 2005: The Torture Papers. The Road to Abu Ghraib. Cambridge: Cambridge University Press.
Hamburger, Käte 1996. Das Mitleid. Klett-Cotta.
Haskell, Thomas 1987: Convention and Hegemonic Interest in the Debate over Antislavery: A Reply to Davis and Ashworth. In: American Historical Review 92, S. 829–78.
Haskell, Thomas 1985: Capitalism and the Origins of the Humanitarian Sensibility, parts 1 & 2. In: American Historical Review 90, S. 339–61/547–66.

Hirschman, Albert 1986: Rival Views of Market Society. New York: Viking.
Ders. 1987: Die Leidenschaften und Interessen. Frankfurt am Main: Suhrkamp.
Horkheimer, Max und Theodor W. Adorno 1971: Dialektik der Aufklärung. Frankfurt am Main: Fischer.
Hobbes, Thomas 1991: Leviathan. Cambridge: Cambridge University Press.
Hume, David 1752/1988: An Enquiry Concerning the Principles of Morals. Indianapolis: Hackett. Deutsche Übersetzung: David Hume 2013: Über Verfeinerung in den Künsten. In: Politische und Ökonomische Essays. Hamburg: Meiner, S. 191 f.
Isenberg, Noah 2017: We'll always have Casablanca. New York: Norton.
Joas, Hans 2015: Die Sakralität der Person – Eine neue Genealogie der Menschenrechte. Frankfurt am Main: Suhrkamp.
Kaplan, Marion 2020: Hitler's Jewish Refugees. Hope and Anxiety in Portugal. Yale University Press.
Kant, Immanuel 1785/1991: Grundlegung zu einer Metaphysik der Sitten. Reclam.
Köhler, Lotte 1996: Briefe 1936– 1968: Hannah Arendt/Heinrich Blücher. München: Piper.
Kübler, Elisabeth 2012: Europäische Erinnerungspolitik. Der Europarat und die Erinnerung an den Holocaust. Bielefeld: transcript.
Lessing, Gotthold Ephraim 1783/2013: Nathan der Weise. Leipzig: Reclam.
Levi, Primo 1963/1994: Atempause. München: dtv.
Ders. 1988/2010: Ist das ein Mensch. München: dtv.
Levy, Daniel und Natan Sznaider 2001: Erinnerung im Globalen Zeitalter. Der Holocaust. Frankfurt am Main: Suhrkamp.
Dies. 2010: Human Rights and Memory. University Park: Penn State University Press.
Luxemburg, Rosa 1958: Das Menschliche entscheidet. Briefe an Freunde. München: List.
Maier Charles 2000: Consigning the 20th century to History. Alternate Narratives for the Modern Era. In: American Historical Review 105 (3), S. 807–831.
Mannheim, Karl 1927: Das konservative Denken. In: Archiv für Sozialwissenschaft und Sozialpolitik 57 (1), S. 68–142, 2, S. 470–495.
Ders. 1929. Ideologie und Utopie. Bonn.
Mizuta, Hiroshi 1975: Moral Philosophy and Civil Society. In Essays on Adam Smith, Andrew Skinner and Thomas Wilson (eds). Oxford: Clarendon Press, S. 114–131.
Nassehi, Armin 2015: „Die arbeiten nichts". Eine kleine Polemik gegen den „Wirtschaftsflüchtling". In: Kursbuch 183, S. 101–110.
Niebuhr, Reinhold 1956: An Interpretation of Christian Ethics. New York: Meridan.
Nygren, Anders 1930: Eros und Agape. Gestaltwandlungen der christlichen Liebe. 2 Bände. Der Rufer. Gütersloh: Evangelischer Verlag.
Orwin, Clifford 1980: Compassion. In: American Scholar, Summer, S. 309–33.
Parsons, Talcott 1937: The Stucture of Social Action. New York.

Peters, Edward 1985: Torture. New York: Blackwell.
Radner, John 1979: The Art of Sympathy in Eighteenth-Century British Moral Thought. Studies in Eighteenth-Century Culture, 9, S. 189–210.
Ritter, Henning 2013: Die Schreie der Verwundeten. Versuch über die Grausamkeit. München: Beck.
Rousseau, Jean-Jacques 1754/1977: Über den Gesellschaftsvertrag. Leipzig: Reclam.
Rorty, Richard 1989: Contingency, Irony, and Solidarity. New York: Cambridge University Press.
Roy, Ashok 1999: Ruben's Peace and War. London. National Gallery Publications
Rybczynski, Witold 1986: Home: A Short History of an Idea. Middlesex: Penguin.
Salt, Henry 1891: Humanitarianism: Its General Principle and Progress. Cruelties of Civilization. London: Humanitarian League's Publication.
Scheler, Max 1923: Wesen und Formen der Sympathie. Bonn.
Shklar, Judith 1989: The Liberalism of Fear in Liberalism and the Modern Life (Hsg. Nancy Rosenblum), Harvard University Press. S. 21–39.
Silver, Allan 1990: Friendship in Commercial Society: Eighteenth Century Social Theory and Modern Society. In: American Journal of Sociology 95 (6), S. 1474–1504.
Silverstone, Roger 2007: Media and Morality: On the Rise of the Mediapolis. Cambridge: Polity Press.
Slezkine, Yuri 2004: The Jewish Century. Princeton.
Smith, Adam 1759: The Theory of Moral Sentiments, Indianapolis: Liberty Classics. Deutsche Übersetzung: Smith, Adam 2010: Die Theorie der Ethischen Gefühle. Hamburg: Meiner Verlag.
Snow, Nancy 1991: Compassion. American Philosophical Quarterly 28, S. 195–205.
Spencer, Herbert 1903. Principles of Sociology. London.
Stone, Lawrence 1979. The Family, Sex and Marriage in England 1500–1800. New York: Harper.
Sombart, Werner 1911. Die Juden und das Wirtschaftsleben. Leipzig.
Ders. 1915. Händler und Helden. Leipzig.
Sontag, Susan 2003: Regarding the Pain of Others. New York: Farrar, Straus and Giroux.
Spierenburg, Peter 1984: The Spectacle of Suffering: Executions and the Evolution of Repression: From a Pre-Industrial Metropolis to the European Experience. Cambridge: Cambridge University Press.
Sznaider, Natan 2000: The Compassionate Temperament. Lanham, Md: Rowman & Littlefield.
Sznaider, Natan 2011: Jewish Memory and the Cosmopolitan Order. Cambridge: Polity Press.
Tartakower, Arieh and Kurt Richard Grossmann 1944: The Jewish Refugee, Institute of Jewish Affairs of the World Jewish Congress. New York.
Tocqueville, Alexis de 1987: Über die Demokratie in Amerika. Zürich: Manesse Verlag.

Turner, James 1980: Reckoning with the Beast: Animals, Pain, and Humanity in the Victorian Mind. Baltimore: Johns Hopkins University Press.

Tester, Keith 2001: Compassion, Morality and the Media. Open University Press.

Tönnies, Ferdinand 1887/2019: Gemeinschaft und Gesellschaft. Berlin.

Weinbren, Dan 1994: Against All Cruelty. The Humanitarian League 1891–1914. In: History Workshop, 38, S. 86–105.

Turner, Bryan S. 2006: Vulnerability and Human Rights. University Park: Penn State University Press.

Anmerkungen

Einleitung

1 Rembrandt. *Landschaft mit dem barmherzigen Samariter*, 1638, Muzeum Czartoryskich. Historia i zbiory. Kraków. https://commons.wikimedia.org/wiki/File:Rembrandt_Krajobraz_z_mi%C5%82osiernym_Samarytaninem.jpg#/media/File:Rembrandt_Krajobraz_z_mi%C5%82osiernym_Samarytaninem.jpg (9.11.2020).

2 Bob Dylon, *The Lyrics: 1962–2012*, New York 2004, S. 181.

3 Rechtsextremismus revisited. Die Sonderausstellung „Nie wieder. Schon wieder. Immer noch. Rechtsextremismus in Deutschland seit 1945". www.km.bayern.de/epaper/LZ/EuP/2018_1/files/assets/basic-html/page-74.html# (9.11.2020)

4 Allgemeine Erklärung der Menschenrechte. Resolution 217 A (III) der Generalversammlung vom 10. Dezember 1948. www.un.org/Depts/german/gruendungsres/grunddok/ar217a3.html (9.11.2020)

5 Die Unabhängigkeitserklärung des Staates Israel. https://embassies.gov.il/berlin/AboutIsrael/Dokumente%20Land%20und%20Leute/Die_Unabhaengigkeitserklaerung_des_Staates_Israel.pdf (9.11.2020).

6 Joschka Fischer. Rede des Außenministers zum Natoeinsatz im Kosovo. www.lmz-bw.de/fileadmin/user_upload/Downloads/Handouts/2018-06-13-fischer-kosovorede.pdf (9.11.2020).

7 Arendt, *Von der Menschlichkeit in Finsteren Zeiten*, München 1960, S. 26.

8 Der Text, in dem Arendt negativ über Mitleid schrieb, war ihr Buch über die Revolution. Arendt, *On Revolution,* dass in den USA 1963 veröffentlicht wurde, also fast gleichzeitig mit ihrer Studie über den Eichmann-Prozess in Jerusalem. Viele der Reaktionen auf ihr Buch waren, dass sie ohne Mitgefühl auf die Opfer des Holocaust schaue. In ihrem Revolutionsbuch widmete sie sich in ihrem zweiten Kapitel „Über die die soziale Frage" dem Mitleid als politisches oder unpolitisches Sentiment.

9 Arendt, *Eichmann in Jerusalem*, München 1964, S. 72.

10 Schon 1945 schrieb sie in einem Aufsatz *Nightmare and Flight*: „The problem of evil will be the fundamental question of intellectual life in Europe – as death became the fundamental problem after the last war". (Arendt*, Essays in Understanding*, New York 1994, S. 134).

11 Genau schreibt sie: „Because compassion abolishes the distance, the worldly space between men where political matters, the whole realm of human affairs, are located, it remains, politically speaking, irrelevant and without consequence." (Arendt, *On Revolution*, New York 1963, S. 86).

12 Einige Jahre vor dem Revolutionsbuch erschien Arendts wohl philosophischstes Buch *The Human Condition*, Chicago 1958 (auf Deutsch: *Vita activa oder Vom tätigen Leben*, Stuttgart 1960).

13 Peter Paul Rubens, *Minerva beschützt den Frieden vor dem Krieg*, 1629/30, National Gallery London, https://upload.wikimedia.org/wikipedia/commons/6/64/Peter_Paul_Rubens_%281577-1640%29_Peace_and_War_%281629%29.jpg (9.11.2020).

14 Für die Beschreibung des Bildes siehe auch Roy, *Ruben's Peace and War*, London 1999.

15 So auch der Artikel 12 der Allgemeinen Menschenrechte von 1948, der dieses Recht auf Privatheit kodifiziert: „Niemand darf willkürlichen Eingriffen in sein Privatleben, seine Familie, seine Wohnung und seinen Schriftverkehr oder Beeinträchtigungen seiner Ehre und seines Rufes ausgesetzt werden. Jeder hat Anspruch auf rechtlichen Schutz gegen solche Eingriffe oder Beeinträchtigungen." www.un.org/Depts/german/gruendungsres/grunddok/ar217a3.html (9.11.2020).

16 Eine Studie, die häusliche Architektur als Moralphilosophie liest, ist Rybczynski, *Home: A Short History of an Idea,* Middlesex 1986.

17 Diese Beschreibung der sozialen Wirklichkeit spiegelt sich auch in der sogenannten bürgerlichen Soziologie wieder. Bester Ausdruck davon ist Talcott Parsons, *The Structure of Social Action* von 1937, einer der damals wichtigsten Schriften der amerikanischen Soziologie, veröffentlicht in einer Zeit, in der diese Strukturen in Europa vernichtet wurden.

18 Immer noch ein Klassiker in dieser Forschung ist Stone, *The Family, Sex and Marriage in England 1500*–1800, New York 1979.

19 Die zunehmende Aufhebung dieser Trennung von Zuhause und Arbeitsplatz in der Gesundheitskrise 2020 und die stärker werdende Nutzung des „home office" werden wohl mit der Zeit eine Neuformulierung dieser liberalen Prinzipien nach sich ziehen.

20 Das Zitat stammt aus dem 5. Kapitel des 1791 veröffentlichten Buches *The Rights of Man*. www.xroads.virginia.edu/~Hyper/Paine/rightsX.html (9.11.2020).

21 Diese liberale Zeitperspektive, die die Gegenwart als den Beginn der Zukunft versteht, wird von Karl Mannheim in seinem Essay über den Konservatismus (1927) deutlich gemacht. Für das konservative Denken wiederum ist die Gegenwart das Ende der Vergangenheit.

22 Siehe auch Frevert, *Kapitalismus, Märkte und Moral*, 2019, die für einen moralischen Kapitalismus appelliert.

Kapitel 1: Mitgefühl und Kapitalismus

23 Wir werden im letzten Kapitel sehen, wie der jüdische Soziologe Georg Simmel zu Beginn des 20. Jahrhunderts diese Theorie in seiner Beschreibung des Fremden produktiv nutzte. So wie Simmels Beobachtungen durch die Metropole Berlin beeinflusst wurden, so war es bei Smith die Stadt Glasgow im Gegensatz zu den Schottischen Hochländern, die hinter der Stadt lagen.

24 Albert Hirschman, 1915 in Berlin geboren, kämpfte im Spanischen Bürgerkrieg, und war vor seiner Emigration 1941 in den USA und in Frankreich in der Flüchtlingshilfe tätig.

25 So beginnt der Essay von David Hume *On the Refinement of the Arts* von 1752. Der Essay kann auf Deutschnachgelesen werden: David Hume, *Über Verfeinerung in den Künsten*, in: Politische und Ökonomische Essays, Hamburg 2013, S. 191 f.

26 Das Zitat stammt aus dem Artikel *Keinen Kaddish wird man Sagen* der Zeitschrift *Aufbau* vom 16. Juni 1942, nachgedruckt in Arendt, *Vor dem Antisemitismus ist man nur auf dem Monde Sicher*, München 2019, S. 70 f., hier S. 71.

27 Voltaire hatte diesen Gedanken in seinen „Philosophischen Briefen“ aus dem Jahre 1734, dort im sechsten Philosophischen Brief. Dort bündelt Voltaire seine Erfahrungen aus England, wo er eine Zeitlang lebte. Wie De Tocqueville nach ihm, versuchte er seinen französischen Landsleuten, den anglosächsischen Geist zu erklären.

28 Im Jahre 1937 fragte der amerikanische Soziologe Talcott Parsons, „Who reads Spencer now“? Mit diesem Satz eröffnete Parsons sein Werk „The Structure of Social Action.“ Spencer wird in der Tat heute nicht mehr gelesen. Aber das gleiche Schicksal erreichte auch Parsons, der nicht mehr gelesen wird.

29 Für die Frühgeschichte der „Humanitarian League“ siehe Weinbren 1994.

30 Ein wunderbares Beispiel für diesen Ansatz ist Henning Ritter, *Die Schrei der Verwundeten. Versuch über die Grausamkeit*, München 2013.

31 Marx/Engels, *Manifest der Kommunistischen Partei*, London, 1848. www.deutschestextarchiv.de/book/view/marx_manifestws_1848?p=5 (10.11.2020).

32 Eine immer noch klassische Studie über Agape und das Verhältnis der christlichen Nächstenliebe zu alt griechischen Konzepten stammt aus der Feder des schwedischen Pfarrers Nygren (1930). Damit wird auch der Unterschied zwischen christlicher Nächstenliebe und bürgerliches Mitgefühl klarer.

33 Ich will hier nochmals betonen, dass das britische „Sympathy“ nicht gleichbedeutend ist mit dem deutschen Begriff der Sympathie.

34 Das Zitat stammt aus James Turner, *Reckoning with the Beast: Animals, Pain and Humanity in the Victorian Mind*, Baltimore 1980, S. 11.

35 Kant, *Metaphysik der Sitten* / Zweiter Teil. Metaphysische Anfangsgründe der Tugendlehre / I. Ethische Elementarlehre / II. Teil. Von den Tugendpflichten gegen andere / Erstes Hauptstück. Von den Pflichten gegen andere, bloß als Menschen /§ 27. https://bit.ly/3lktgzZ (10.11.2020).

Kapitel 2: Menschenrechte fühlen

36 Auden, *Refugee Blues: Say This city Has Ten Million Souls*, in: The New Yorker (April 1939), S. 21.

37 Allgemeine Erklärung der Menschenrechte. Resolution 217 A (III) der Generalversammlung vom 10. Dezember 1948. www.un.org/Depts/german/gruendungsres/grunddok/ar217a3.html (10.11.2020).

38 Gute Beispiele dafür sind: Paul Gilroy, *Black Atlantic: Modernity and Double Consciousness*, New York 1993 und Aamir Mufti, *Enlightenment in the Colony: The Jewish Question and the Crisis of Postcolonial Culture*, Princeton 2007.

39 Eine klassische soziologische Studie dazu ist Kai T. Erikson, *A New Species of Trouble: Explorations in Disaster, Trauma, and Community*, New York 1994.

40 Der Begriff der „imperialen Juden" befindet sich bei Dan Diner, *Gedächtniszeiten*, München 2003. Siehe auch Sznaider, *Jewish Memory and the Cosmopolitan Oder*, Cambridge 2011.

41 Ein klassischer Text für die Noachidischen Gesetze ist ein 1888 erstattetes Gutachten von Hermann Cohen, Die Nächstenliebe im Talmud. Es ging Cohen darum zu zeigen, dass es keinen Widerspruch zwischen jüdischer Ethik und dem Universalismus von Kant gibt. Dieser Text wurde 45 Jahre vor der Machtergreifung der Nazis verfasst.

42 Die Geschichte der Rettung der Juden in Zakynthos wird erzählt in Deno Seder, *Miracle at Zakynthos*, Washington 2014 und beruht auch auf den Nachforschungen des Autors auf der Insel.

43 Rede des Reichsführers SS bei der SS-Gruppenführertagung in Posen am 4. Oktober 1943. www.1000dokumente.de/pdf/dok_0008_pos_de.pdf (10.9.2020).

44 Dieser Teil lehnt sich an eine frühere Studie von Levy und Sznaider, *Human Right and Memory*, 2010 an.

45 Charter of the International Military Tribunal 1954. www.un.org/en/genocideprevention/documents/atrocity-crimes/Doc.2_Charter%20of%20IMT%201945.pdf (10.11.2020).

46 *Der Nürnberger Prozeß*. Hauptverhandlungen. Zweiter Tag. Mittwoch, 21. November 1945. Vormittagssitzung. www.zeno.org/Geschichte/M/Der+N%C3%BCrnberger+Proze%C3%9F/Hauptverhandlungen/Zweiter+Tag.+Mittwoch,+21.+November+1945/Vormittagssitzung (10.11.2020).

47 Charter of the International Military Tribunal 1954. www.un.org/en/genocideprevention/documents/atrocity-crimes/Doc.2_Charter%20of%20IMT%201945.pdf (10.11.2020).

48 Die Rede Churchills Winston Churchill an der Universität Zürich am 19. September 1946 kann im Wortlaut nachgelesen werden: https://rm.coe.int/16806981f3 (10.11.2020). Deutsche Übersetzung: https://www.uni-marburg.de/de/icwc/zentrum/pdfs/imtcdeutsch.pdf (14.11.2020)

49 Das Londoner Statut für den Internationalen Militärgerichtshof vom 8. August 1945 kann auf Deutsch hier eingesehen werden: www.uni-marburg.de/de/icwc/zentrum/pdfs/imtcdeutsch.pdf (10.11.2020).

50 Der folgende Abschnitt entwickelt Gedanken eines Essays weiter, den Ulrich Beck und Natan Sznaider 2011, *Self-limitation of Modernity,* in: Theory & Society, S. 417–426 geschrieben haben.

Kapitel 3: Geflüchtetes Mitgefühl

51 Diese Briefe an Salomon Adler-Rudel, ein Freund und jüdischer Politiker, der Arendt aus dem Exil schrieb, in: Arendt/Adler-Rudel, *Briefwechsel 1941–1943*. Siehe www.hannaharendt.net/index.php/han/article/view/72/108 (10.11.2020).

52 Der Essay ist in mehreren deutschen Versionen veröffentlicht worden. Zuletzt in Arendt, *Wir Juden. Schriften 1932–1966* (hrsg. von Marie Luise Knott und Ursula Ludz), München 2019, S. 37–52, hier S. 38.

53 Hier zur Webseite des Films: www.imdb.com/title/tt0034583/characters/nm0545198 (10.11.2020).

54 Tartakower/Grossmann, *The Jewish Refugee*, New York 1944.

55 Übereinkommen vom 9. Dezember 1948 über die Verhütung und Bestrafung des Völkermordes. www.admin.ch/opc/de/classified-compilation/19994549/202006300000/0.311.11.pdf (11.11.2020).

56 Gödde, *Walter Benjamin. Gesammelte Briefe, Band 1: Briefe 1910–1918*, Frankfurt am Main 2006, S. 72.

57 Arendt/Scholem, *Der Briefwechsel*, S. 10.

58 Benjamin, *Über den Begriff der Geschichte,* 1942. www.textlog.de/benjamin-begriff-geschichte.html (11.11.2020).

59 Arnold Zweig, *Jude und Europäer*. *Der Jude*, Vol. 2, 1917–1918, S. 23. Arnold Zweig verließ 1933 Deutschland, lebte zwischen 1934 und 1948 in Palästina und emigrierte von dort 1948 nach Ost-Berlin, wo er 1968 verstarb.

60 Zitiert nach: Friedrich Battenberg, *Das Europäische Zeitalter der Juden, II*, Darmstadt 1990, S. 90.

61 Marx, *Zur Judenfrage, Geschrieben August bis Dezember 1843*. Der Text von Marx kann hier nachgelesen werden: www.mlwerke.de/me/me01/me01_347.htm (11.11.2020).

62 Simmel, *Soziologie. Untersuchungen über die Formen der Vergesellschaftung*, Berlin 1908 (Exkurs über den Fremden, S. 509–512). Der Exkurs über den Fremden kann hier nachgelesen werden: http://socio.ch/sim/soziologie/soz_9_ex3.htm (11.11.2020).

63 Ebd.

64 Diese Position wurde von dem französischen Alan Finkielkraut in einem Streitgespräch mit dem inzwischen verstorbenen deutschen Soziologen Ulrich Beck vertreten. Veröffentlicht wurde dieses Gespräch in *Die Zeit*, 13. Februar 2014. Ulrich Beck verstarb am 1. Januar 2015 und konnte die Öffnung der deutschen Grenzen im Sommer 2015 nicht mehr miterleben, vertritt aber in diesem Gespräch stellvertretend die intellektuelle Grundlage der deutschen Willkommenskultur, während Finkielkraut eher unwillkommend erscheint.

65 Primo Levi, *Ist das ein Mensch,* München 2010.

66 Primo Levi hat das Gedicht auch deswegen gesondert als Sch'ma publiziert. Auf Deutsch: Primo Levi: *Sch'ma*. In: Primo Levi: *Zu ungewisser Stunde*, München 1998, S. 15, (Übersetzung von Moshe Kahn). Das Gebet ist das erste und wichtigste Gebet, welches jüdische Kinder lernen. Es ist ein Erinnerungsgebot: Schreibt sie auf die Türpfosten ... Levi, eigentlich ein unfrommer Jude, begeht damit eigentlich Blasphemie, die einzige für ihn richtige Reaktion auf sein Leben. Nicht um Erbschuld geht es ihm wohl, sondern um die Eigenverantwortung. Gleichzeitig wird die Erinnerung zum religiösen Gebot.

67 Agamben schrieb dazu im Februar einen Artikel, *The state of exception provoked by an unmotivated emergency*, in: positions politics. Hier nachzulesen http://positionswebsite.org/giorgio-agamben-the-state-of-exception-provoked-by-an-unmotivated-emergency/ (11.11.2020).

68 Der Briefwechsel wurde in der Zeitschrift *Merkur,* 19, S. 205, im April 1965 veröffentlicht.

69 Es gibt kein genaues Datum für den Brief: Ende 1964 steht als Überschrift.

70 Press Release SG/SM/9686. GA/10331, 24.1.2005, *Such an Evil Must Never be Allowed to Happen Again, Secretary-General Tells General Assembly Session Commemorating Liberation of Nazi Death Camps.* www.demokratiezentrum.org/fileadmin/media/img/Gedenktage/GO_1.2_Kofi_Annan_Rede.pdf (11.11.2020).

71 Eine soziologische Interpretation der Beschreibung des „Wirtschaftsflüchtlings" bei Armin Nassehi, *„Die arbeiten nichts". Eine kleine Polemik gegen den „Wirtschaftsflüchtling"*, in: Kursbuch 183 (2015), S. 101–110.

72 Agamben veröffentlichte 2008 einen Aufsatz, in dem er sich direkt auf den Essay von Arendt beruft: Giorgio Agamben, *Beyond Human Rights*, in: Social Engineering 15, 2008, S. 90–95.

73 Diese Auffassung wird auch von Didier Fassin vertreten. Siehe sein Buch *Humanitarian Reason. A Moral History of the Present*, Berkeley 2012. Es geht Fassin auch darum, die Bürokratisierung des Mitgefühls aufzuzeigen. Natürlich ist die Bürokratisierung Teil des Mitgefühls in einer modernen Gesellschaft. Dahinter steckt natürlich die romantische Sehnsucht nach unbürokratischer Authentizität.